北関東3県のビリ争いの秘密

800年続く戦争

はじめに

日本人ほど、順位付けの好きな民族はいないのではないか、と思う。何かにつけ1位からランク付けをして話題にする……盛んになったのは江戸時代からである。衣食住や身の回りの全てを番付にすることが大流行した。大相撲、大食い、酒豪、美人、大金持ち、行楽地、名産品など、そのジャンルは枚挙にいとまがないほどである。

この歴史ある順位付けに、新しく加わったのが、「都道府県魅力度ランキング」である。北関東3県の群馬・栃木・茨城が、47都道府県の下位に並んだことで、一躍有名になった。この話題が数多くのテレビの情報番組や娯楽番組で取り上げられたのは、ご存知の通りである。「都道府県魅力度ランキング」は、ブランド総合研究所が調査し発表したものである。その調査方法は、インターネットで20代〜70代に、約1カ月の調査期間で、アンケートを取ったという。

調査の基準は84項目にわたり、13種類となっていたという。①認知度、②魅力度、③情報接触度（年間何度か）、④情報接触経路（TVかドラマか）、⑤地域コンテンツの認知（地理的名称）、⑥まちのイメージ、⑦地域資源評価、⑧居住意欲度、⑨訪問目的、⑩観光意欲、⑪産品購入意欲、⑫食品想起率、⑬食品以外想起率

これで、本当に魅力度ワースト3が決まったのだろうか。

実は北関東3県のいざこざや争い事は、鎌倉時代から延々と続いてきたのである。なぜ争いが始まり、時代を超えて続いてきたのか、その根を追求する——。

歴史に表があれば裏もある。裏に注目すると見えてくるものがあると思う。裏を明らかにし、真実を語るのが、この企画である。

目次

北関東戦争勃発以降の歴史

北関東戦争勃発以前の歴史

1 日本の歴史を変えたのは、群馬の納豆行商人だった

北関東は火山灰が堆積した関東ローム層の地層で、激しい噴火のため人間が生活できる環境ではなかった、と第二次世界大戦後までいわれてきた。日本では、ヒトによる石器（打製石器）の使用した痕跡が発見されず、旧石器時代がなかったと歴史学会は結論付けていた。

旧石器時代は初期、前期、年代的には200万年前に始まったといわれる。人類の生きた最古の時代、旧石器時代の後期には世界に200～300万人いたと推測されている。人類が日本に渡って来たのは、1万6千年前といわれ、最後の氷河期が終わり間氷期に移って気候温暖化し、海面上昇した頃であった。

旧石器時代の地球は地質学には更新世と呼ばれた。

その頃は海面が下がり、日本列島は北海道、九州対馬あたりがユーラシア大陸と陸続きであった。北からマンモス、南からナウマンゾウなどの大型動物がやって来ると、それを追って人類

が日本列島に渡ってきたのだ。

更新世は地質の年代では第4期前半の258万年前～1万1700年前で、人類の最初の段階である原人が出現した時期といわれ、かっては氷河時代とも呼ばれた。

日本では、旧石器時代が無く、約1万3千年ほど前に始まる縄文時代が日本史の始まりとされてきた。それまで、縄文土器以前の日本列島に人類は居住していなかったというのが定説だった。

それが終戦後に名もない群馬の青年によって覆ったのである。

青年の名は相澤忠洋といい、新田郡笠懸村で納豆の行商をしながら考古学の研究に励んでいた。

群馬県の笠懸村は赤城山の南東、丘陵地帯にあった。北部は稲荷山、南部は山寺山及び金比羅山と呼ばれていた。

相澤は朝早い納豆の行商で、この辺り一帯の集落を回っていたが、村道の切通で黒曜石で作られた打製石器を発見したのである。

火山灰が堆積した関東ローム層から初めて発見した打製

発見者・相澤さんの銅像

石器であった。

１９４６年（昭和21年）の大発見は、１９２６年（大正15年）生まれの相澤の20歳にしてなしえた独学の成果であった。だが、そこに至るまでの相澤の半生は苦難の連続であった。

東京に生まれたが、すぐに鎌倉に転居し、考古学に目覚めたという。しかし、両親が離婚したため、父と群馬県桐生市に移住し生活を始めたのも束の間、丁稚奉公に出され孤独の境遇になった。

その後、徴兵で海軍に招集され終戦を迎えた。

自由の身になると、考古学の研究の時間が取りやすいだろうと考え、まず小間物の行商を始め、後に納豆の行商を始めたという。

昭和24年以降、相澤は笠懸村から東京へ行き来する生活を始めた。村道の切通の崖面から採取した土器を携行し、学者に見てもらおうと考えたのだ。

黒曜石で作られた打製石器である。

岩宿遺跡ドーム

考古学者を訪ねて説明するためであったが、金のない相澤は東京までの約１２０キロを自転車で何回も往復したそうである。

この努力の甲斐もなく、まともにとりあう学者は皆無であった。

権威主義に凝り固まった考古学会の中で、唯一相沢の発見に理解を示したのが明治大学の杉原壮介助教授であった。

１９４９年（昭和24年）初めて明治大学の発掘調査が笠懸村の村道の切通で行われた。そこで上下２層の石器文化層の存在を確認し、下層の黒褐色層（約３万年前）から楕円の形状をした打製石斧２点、掻器類、２次加工のある刃器状剥片、そして黒曜石の打製石器も発見された。

この調査団の調査で、日本に旧石器時代が存在したことが立証されたのである。

杉原助教授はこの発見を新聞で発表するや歴史的に重大な発見として、世間は杉原助教授の功績を大々的に称えた。

だが、学会やマスコミは相澤の存在を完全に無視した。

それどころか相澤に対して一部の地元住民は売名行為とか詐欺師と決めつけ、容赦なく誹謗中傷を浴びせたのである。

またこの頃の郷土史家は地元の富裕層の大地主や商人などの、いわゆる旦那衆と教師や役人などの知識層が多かったので、学歴や財産も無い相澤を妬んで「行商人風情が…」などと蔑視したり、功績を否定する人たちもいたそうである。

この笠懸村の打製石器発見をきっかけにして、次々と旧石器時代の遺跡が発見され、1965年（昭和40年）には北海道から九州まで359カ所の遺跡を数えるまでになった。

現在では、群馬県に300カ所以上、全国には約1万カ所以上に上ると見られている。

2 群馬県、栃木県にも海があった 竜宮伝説もあり、日本初の恐竜の足跡も発見されていた

日本列島には、海なし県が8つある。埼玉、山梨、長野、岐阜、滋賀、奈良そして栃木、群馬である。

海なし県の人は海に憧れを抱くというが、「海は広いな大きいな…」で始まる童謡『海』の作曲者、井上武士は群馬県前橋市の出身で、作詞の林柳波は群馬県沼田市の出身である。このことは如何に海への憧れが強いかを物語っている。

今から1万～6千万年前、氷河期が終わり、日本列島は温暖で縄文海進と呼ばれる海面上昇で海面が2～3メートル高くなったと考えられる。

板倉町の貝塚

海岸線は内陸部の奥深くまで入り込み、群馬県や栃木県は遠浅の海が広がり、潮干狩が行われていたと思われる。

藤岡町藤岡は東京湾から70キロ以上離れた最も奥にある貝塚である。

貝塚は当時のゴミ捨て場で、人々の食生活や日常生活を窺い知ることができる貴重な遺跡である。

群馬県板倉町の14カ所あるうちの1つの離山貝塚では、牡蠣の貝殻が発見され、数千年前から牡蠣が食べられていたことが証明されたのである。

群馬県伊勢崎市に竜宮城がある?

市内に「龍神宮」があり、その近くには竜宮橋があるが、伝説が伝わっている。

阿感坊という者が竜宮城に行き、3日過ごして帰ってみると、3年もの月日が経っていたという。

なぜ、ここに浦島太郎もどきの話が残っているのだろうか。

群馬県神流町に、大昔ここが海だったことを示す証拠がある。

伊勢崎市の竜宮橋

昭和28年（1953年）道路工事中に発見された漣《さざなみ》岩である。

1億3千万年前の白亜紀、海で堆積した砂にできた漣波模様が化石として残ったものである。

昭和60年、漣岩から日本で最初の恐竜の足跡が発見された。その後オルニトミモサウルス類の恐竜の背骨の化石も発見された。

他にも海の生物だったアンモナイトの化石も発見されたのである。

3 大昔、群馬県と栃木県は一つの国だった なぜ、分割されたのか

『古事記』に、ヤマトタケルノミコト（日本武尊）の東方征定がある。

相武（相模、神奈川）の焼津の話が最初に登場するが、焼津は駿河（静岡）である。

走水の海、浦賀水道を渡ると「荒ぶる蝦夷ども」征定が語られるが、物語の上で蝦夷地は関東地方を指し、北関東は辺境地と考えられていたのである。

5世紀の前半、後に蝦夷の名で呼ばれ異民族と考えられていた人々が関東地方に住んでいたこと、そこには小国が55もあったとされる。その後、大和朝廷の盛んな軍事行動がこの地に展開していった。

渡良瀬川

北関東一帯は、古くは「け」または「けぬ」と呼ばれていた。

　日本書紀によれば、毛野国の国造（くにのみやつこ）は紀元前50年、崇神天皇の命により派遣された崇神天皇の皇子、豊城入彦命が東国を統治した。

　その子孫が出雲神を祀り、古代の香取海に注ぐ毛野川（今の鬼怒川）流域に住み着いた大豪族である。だが、毛野国は毛野と那須に上下に二分されてしまう。

　5世紀末になると、毛野は渡良瀬川を境に上毛野国と下毛野国に分割されてしまうのである。なぜ上と下なのか、その理由は都に近いところは上、都に遠いところは下と決められたからだそうである。

男体山（栃木）

赤城山（群馬）

分割の理由は分からないが、分割を示唆する群馬県人や栃木県人なら誰でも知っている伝説がある。

『日光山縁起』の神戦譚で日光男体山と赤城山が戦うが、男体山はムカデに姿を変え、赤城山は大蛇となって戦った。結果はムカデの勝利で終わるが、この戦いは領地争いではなかったか、といわれている。

また、日光山の助けについた鹿島神宮の存在など、都からの何らかの影響があったのではと見られている。

渡良瀬川（栃木）

4 「古墳王国」群馬 なぜ群馬には古墳が多いか

3世紀末~4世紀にかけては、日本ではしばしば「謎の世紀」といわれる。

政治的権力者や社会に君臨した支配者のための墓、古墳が盛んに造られた時代である。弥生時代終末の3世紀末ごろに出現し、7世紀末ごろまでに造られた高塚の墳墓を古墳と呼んだ時代を、前の弥生時代と区別して「古墳時代」とも呼んでいる。

古墳は規模の大小に関係なく、土あるいは石を積んだ墳丘があり、内部には遺骸の埋葬施設を有している。そして、副葬品が添えてあるのが特徴である。古墳にはまた外部の墳丘に2段か3段の段築が設けられている例が多い。

墳丘やその周辺の堤には、円筒埴輪、人物埴輪、動物埴輪が巡らされている古墳もある。

高塚式古墳は紀元前4~3世紀の中国の戦国時代、墳丘をもつ古墳が現れ秦漢時代に一般化した。秦の始皇帝、漢の武帝陵はあまりにも有名である。

朝鮮では、高句麗でやや遅れて石積みの墳丘や土盛りの墳丘が造られた。

日本では、縄文文化の初めの頃、自然の洞窟が住居として利用され、次に岩陰や崖面にできた奥行きの浅い窪みを竪穴住居にしていた。この住居は地面を数10センチ掘り下げ、床に柱を何本か立て、その上を屋根で覆ったものであった。10戸以上で集落を形成し、土器と呼ばれる小型の焼物で生活していた。

栗、栃、樫、アベマキ、胡桃、シイなど保存のきく粉食用の木の実が大切な食糧であった。

次の弥生時代、弥生式土器を使い始め、甕で煮炊きをし、壺や高坏を使用していた。

このような生活をしていた日本に、中国や朝鮮から青銅製の鏡や剣が輸入されるようになって文化や生活が一変したのである。

3~4世紀末、中国や朝鮮から伝わった古墳が造られ始め、権力者が葬られたのである。古墳の上や麓、墳丘の外域を飾る埴輪の起源は、応神、仁徳の頃から後で、多く使われたのは円筒埴輪だったが、他に家、盾、靫(矢入)甲冑、蓋(儀礼用の笠)などだった。

二子山古墳(前橋市)

平成24年から5年かけた調査で、群馬県内に1万3240の古墳があることが分かった。東日本最大の古墳数である。

茨城県には、東日本の2位、6位、9位の巨大古墳がある。石岡市の舟塚山古墳は186メートルの規模で東日本2位である。

栃木県の壬生町には、栃木一番の大きさで134メートルの吾妻古墳がある。

群馬県では、平野部に100メートルを超える大型の古墳が次々と造られたが、東日本の150メートル以上の巨大古墳のうち、1位、3位、4位を占めている。1位の天神山古墳は210メートルもある。

唯一の国宝埴輪「武装男子立像」は太田市から出土したもので、国宝や国指定重要文化財の埴輪42件のうち19件が群馬から出土したものである。

また史跡指定の古墳は18件（特別史跡）ある。

太田市には、1605の古墳（現存は178）があり、群馬県でも最多である。

ではなぜ、群馬は東日本最大の古墳王国になったのであろうか。

古代東国の最先端地域は群馬だったといわれている。

その特徴は古墳の前方後円墳の多さ、副葬品の馬の埴輪の多さ、これは人や物の流通手段として革命をもたらした馬が富の象徴であり、貴重な財産であった何よりの証拠を物語っている。

群馬は放牧地に適していたので、高価な馬は経済的な富を生んだのである。

馬によって交通が一変し、畿内と東国を結ぶ街道、東山道で上野国は発展したのである。

出土した動物埴輪の9割以上は馬だったが、当時、馬は財力や権威の象徴とされた。

もう一つ、見逃せないのは渡来人の存在である。3世紀から7世紀頃に朝鮮半島などから渡って来た人々で、水稲にはじまり漢字、仏教、寺院建築技術などを日本に持ち込み、文化、ヤマト政権の確立に大きな役割を果たしていたのである。

埴輪　三人童女
（国（文化庁保管）
写真提供・群馬県立歴史博物館）

東国では、渡来人は青銅から製鉄へ、鍛冶の技、養蚕、須恵器を造る焼き物技術の伝授、窯業を産業にする技術者養成などに尽力した。

9世紀初頭には、渡来系氏族の数は全体の3分の1以上に達していたという。

いかに多くの渡来系の人々が存在していたか知るべきである。

5 武士の誕生

辺境の地、北関東の茨城が反乱で武士の天下の基をつくった

武士は10～12世紀の平安時代後期に誕生したらしい。

日本の歴史学会はこれまで武士の研究に熱心ではなく、いつ、どこでという起源について曖昧にしてきたのである。

最近になって奈良時代に作られた土地に関する法律「墾田永年私財法」がきっかけではないかといわれている。

それ以前は、723年に制定された「三世一身法」で、開墾した者から三世代まで墾田の私有が認められていたが、新しい法律「墾田永年私財法」の発布で様相が一変したのである。土地の開拓競争が凄まじいほどに拡大し、農地の奪い合いが日常茶飯事になった。この争いに勝つには、武力が絶対必要条件であった。力のない者は土地を強奪される危機にさらされるため、自ら進んで貴族や豪族に土地を寄進し、土地を守ってもらっていた。

貴族には、不輸の権利つまり土地に税金がかからない免税の特権があり、不入といい国司な

どが荘園に立ち入らないようにする権利で、保証されていたのである。

こうした大きな社会変化の一方で、政治の実権を握っていた貴族にも変革が求められていた。平安時代に貴族が増加し、官職が追い付かなくなったのである。都には無位無職の貴族で溢れたが、朝廷は財政難で何も救済策は採られなかった。

そこで採られた策が「臣籍降下」である。皇族から身分を離れさせることだが、皇族には姓がないので姓を与えることで、官職不足を解消した。

第52代嵯峨天皇には23人の皇子がいたが、17人の皇子が臣籍降下し源氏の姓を与えられた。

54代清和天皇の第6皇子貞純の子である経基王が源氏姓を与えられたが、清和源氏を名乗り、その子孫が源頼朝である。

50代桓武天皇の系統も臣籍降下している。桓武天皇の孫高望王が平高望となり、その子孫が平清盛である。

9世紀初頭に編集された氏族のリストである『新撰姓氏録』では、「皇別」「神別」そして渡来系氏族を「諸藩」に分類されていた。

「皇別」は天皇家から分かれて臣籍降下した姓で、橘氏、源氏、平氏である。

「神別」は天児屋根命を祖とする氏族で藤原氏を名乗った。

「諸藩」は渡来人の子孫と称した氏族で、秦などの姓に代表される。

王臣子孫は天皇の子孫、上級貴族の順に尊敬されたが、彼らの多くが地方の農地の奪い合いに加わっていったのである。

彼らは積極的に地方の豪族と血縁関係を結び、自らがトップに立って地方の豪族を家臣にしていった。

ここに、一大武装集団が誕生したのである。地方には朝廷の権威が及ばないので、力こそ全ての世界であった。

平安時代後期に誕生した「武士」は領主階級であること、貴族であること、弓矢や馬の使い手であることが条件とされたが、その語源は貴族の近くにさぶ（侍）らう者のことで、治安維持のため働いたのである。

辺境の地といわれ、蝦夷地攻撃の最前線だった北関東にも臣籍降下で源氏や平家、藤原を名乗る武士たちが多数押し寄せた。

彼らは国司として下向してきた源氏、平家、藤原の分流であり、農民を使役して土地を開墾し、武力を蓄える豪族へと成長したのだ。

そのうちの一人が、常陸国の平将門である。

桓武天皇の平高望の三男、鎮守府将軍平良将の子と伝えられる。

常陸国は東北攻略の基地として重要視されたため、武功に優れ、陸奥の情勢に通じた有能な人物が任命されたが、平良将の信望は厚かったといわれる。

その子将門は下総北部（茨城県結城、猿島郡）を地盤としていたが、若い頃に上洛して藤原忠平に仕えた。

その後帰郷して父の後を継ぎ、地盤を本拠に勢力範囲の拡大を図った。だが、下総一帯では伯父の平国香をはじめとする一族も勢力の発展に全力を尽くしており、相互の関係はぎくしゃくしていた。

そんな折、将門は叔父の下総介良兼と女性問題と遺領のことで争った。良兼の娘は将門の妻として同居していたといわれるので、婚姻に関わる原因ではないかと思われる。

もう一つの争いは常陸西部の豪族、常陸大掾源護と平直樹の対立に巻き込まれ、将門は護の娘婿であった国香、良正、良兼らのおじと争う羽目になってしまった。

争いは一族との合戦に発展したが、将門は源護の子や国香らを殺害した。

この仕打ちに怒った源護は朝廷に訴え出ると、将門は京都に召喚された。

ところが、朱雀天皇元服の大赦で許されてすぐさま帰郷したが、将門の不在中に良兼は勢力を回復して将門の軍勢を破り、その妻子を捕らえた。これに対し将門は怯むどころか良兼一族

平将門

を急襲して破り、再び東国に睨みを利かせることになった。

ここまでは当時勢力拡大にしのぎを削っていた豪族たちの墾田開発争いということで、京都の朝廷もあまり関心を示さず、治安を乱す争いには追捕の官符を出す程度で、大目に見ていたのである。

しかし、朝廷への公然たる反逆行為が行われたのである。10世紀に将門の乱とも称される承平の乱が勃発した。

将門は15～16歳で京の都に出て、藤原政権下で藤原忠平と主従関係を結び滝口の衛士を勤めたが、官位は低いままであった。

12年ほど京にとどまり昇進の機会をうかがったが、望んでいた検非違使の佐《すけ》や尉《じょう》の地位は叶わず、失意のまま将門は故郷へ帰ったのである。

当時、国司は地元にいる郡司に賄賂を要求するなどやりたい放題で私腹を肥やしていた。武蔵国の国司に赴任した源経基は賄賂を拒否した郡司に激怒し、その邸宅を焼き打ちにした。郡司が助けを求めたのが平将門である。ついで、武蔵権守興世王と介源経基が足立郡司武蔵武芝と争いを始めた。

これを調停するために将門が和解に持ち込んだが、何かの手違いで経基の兵舎を武芝の軍が取り囲んだ。驚いた経基は将門が興世王らと謀り、自分を殺害しようとしていると思い込み、京へ上って二人が謀反を企てていると訴えた。

この問題が解決しないうちに、将門は常陸国で国司に反抗し追われて逃げてきた者を庇護したが、これが原因で戦が始まった。

将門は常陸国府に出兵して焼き払い、国印と鍵を奪った。この行動は朝廷への明らかな反乱であった。

なぜ将門は反乱を起こしたのか。

10代で平安京に上り出世を夢見たが叶わず、故郷に戻っても一族の争いが絶えない長年積もり積もった鬱憤が爆発したのだろうか。

将門の反乱をそそのかす皇族がいた。

興世王である。

「一国を盗るも坂東（関東地方）を盗るも同じ事」と言って反乱を勧めたという。

将門は悪魔のささやきのような教唆にのり関東一帯の制圧に乗り出したのである。

興世王は「常陸国一国を討った責めは軽くない。どうせなら坂東を虜掠して様子を見よう」と提案した戦略を将門は受け入れ、隣国の下野、上野に攻め入った。国府を制圧すると、国司の最高位で通例は守や介と呼ばれる受領を追放した。

また上野国府では、坂東八カ国に受領を任じる除目（官を任じる儀式）を行い、神がかりした巫女の「八幡大菩薩菅原道真の霊が朕位を将門に授ける」との託宣があったと『将門記』に記されている。

この上野国の花園村（高崎市）の染谷川で、伯父の平国香を襲撃し殺害。将門は託宣に従い新皇と称して弟や将門に従う豪族たちを国司に任命した。ここに新しい律令国家を目指す、関東の自立する姿が見出すことができる。だが、将門新皇の天下はわずか数カ月で終わりを告げた。

下野国の押領使藤原秀郷と国香の子貞盛らの連合軍が、常陸国の猿島で将門が農事のために軍を解散したところを襲い、将門を誅殺した。

関東の民衆は京の都から派遣されてきた国司を追い払った行動力に拍手喝采し、共感をよんで、将門を英雄として仰ぐ気風は時代とともに強まっていった。

一方、将門を討った豪族たちは恩賞にあずかり、揃って昇進した。

源経基は清和源氏、藤原秀郷は下野国の小山、結城の祖とされ、平貞盛は伊勢平氏の祖とされた。

将門の乱は古代日本を大きく変化させる出来事だったのである。

北関東戦争勃発以降の歴史

6

北関東のビリ争いの始まりは鎌倉時代
頼朝と義経の兄弟喧嘩から

日本では8世紀ごろの奈良時代に始まった貴族・寺社の大土地所有の形態である荘園が本格的になった平安時代後期以降、荘園が政治・社会・経済の根幹となった。

言わば荘園制社会と呼ばれる制度は、およそ800年続いたのである。

8世紀ごろの墾田永年私財法を転機として、一気に増加した荘園だが、11世紀から12世紀にかけて、地方豪族が自分の土地を京の貴族・寺社に寄進し、荘園化するようになった。豪族たちは国司の搾取を免れるために、中央の権力と権威によって土地を確保しようとしたのである。

この寄進は国の承認を得たことにより、寄進を受けたものは上級領主たる領家となり、寄進者は現地の土地管理者たる下司となった。領家が一般の貴族・寺社である場合、さらに上の権威を頂くため、摂関家・皇室に重ねて寄進し、本家と仰いだ。

こうして一つの荘園に対する土地所有権は本家―領家―下司と重層的になった。

荘園の領有は、初め摂関家の藤原氏が積極的だったが、白河上皇の院政が皇室への権力集中を図るため、経済的基礎を固める狙いから膨大な荘園を集積して、対抗した。

しかし鎌倉幕府が成立した頃になると、荘園の寄進はほとんど無くなった。これは寄進のほとんどを占めていた地方の豪族層が御家人（武士）になることで、国司が領地を取り上げる圧力を排除できるようになったからである。

壇ノ浦の戦いで平氏を滅ぼした後、頼朝は守護・地頭の設置、任免の許可を朝廷から得た。地頭の設置は荘園からの収入が減るので貴族・寺社の強い反対にあったのは当然のことであった。

源頼朝像

源氏の棟梁頼朝に叛旗を翻したのが、頼朝の12歳年下の異母弟義経であった。『平家物語』によれば、義経は「命がけで平家を倒したのだから、関東は当然ながら私のものだ」と述べていたという。

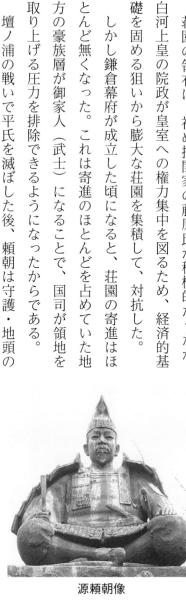

さらに、頼朝の許可なく後白河法皇から検非違使、左衛門尉の官位を授かっていた。義経がこうした行動をとったのも、平清盛のような形で栄華を築こうとしていたからだといわれる。

二人の喧嘩を決定的にしたのは、義経が後白河法皇から頼朝追討の院宣を受け発したことである。

頼朝は猛烈に抗議し、朝廷は頼朝の推薦した公卿を議奏として、議奏をもって朝廷の政治を行うよう求めた。

こうして逆に頼朝は義経の追討を朝廷に認めさせたのである。

そして、義経追捕を名目に守護、地頭を東国、畿内に設置することを朝廷に認めさせた。

武士の多くは頼朝側に付き、逃亡者の身となった義経に味方はほとんどいなかった。頼朝は源氏の棟梁として武士の恩恵を保証していたからである。

義経が身を寄せるところは、陸奥の藤原秀衡・泰衡親子しかなかった。

秀衡の死後、遺言により衣川で義経を庇護した。しかし、頼朝は泰衡討伐のため大軍を送り込んだ。奥州合戦である。この戦に従軍したのが、北関東の武士たちであった。

常陸国の八田知家は大抜擢で東海道大将軍に任命された。また下野国の宇都宮業綱は頼朝から「関東一の弓取り」と絶賛されるほどの武士であった。

大軍勢に圧倒された泰衡は義経を殺害するが、かえって頼朝から攻撃されて泰衡も殺害されてしまった。

源義経

義経のなきがらは酒に浸して黒漆塗の柩に収められ、鎌倉に送られた。国支配の実権は次第に守護の手に移っていった。これが後に守護の領国大名化へと変わっていったのである。

鎌倉時代、常陸国では源義光の流れを汲む佐竹氏、藤原氏の流れを汲む勢力、平氏の流れを汲む常陸大掾の三大勢力が覇を競い合ったが、佐竹氏が最も強大であった。

下野国では、将門の乱を平定した藤原秀郷の子孫が繁栄したが、小山氏、宇都宮氏、結城氏と枝分かれし、紛争の火種となった。

宇都宮氏は鎌倉の信頼も厚く、幕府でも重要な地位にあった。

上野国では、鎌倉時代初期に安達景盛が守護の地位にあったが、霜月騒動によって安達一族は滅亡。以降、上野国は北条氏が支配する領地となってしまったのである。従って上野国がビリの順位ということになる。

7 北関東一の稀代の悪は鎌倉殿（将軍）の13人の一人で、頼朝のお気に入りだった

嘘、陰謀、裏切り…この悪行の限りを尽くした人物がいた。

八田知家である。先祖は宇都宮明神の社務職だった藤原宗円で、平安時代後期に二荒山神社の南に館を建てたところから始まるといわれている。

3代目の朝綱から〝宇都宮〟を名乗った。『保元物語』によれば、保元の乱でこの一族は崇徳上皇と対立していた後白河天皇の軍で戦う源義朝の郎党として参戦した。

この乱が武士が政権を取る大きなきっかけになったといわれるが、宇都宮家の先祖は頼朝が小田原の石橋山の戦いに破れ、安房国に逃れて来た時に、頼朝の軍に馳せ参じ支えたのである。鎌倉幕府の創成期から支えた御家人の一人が宇都宮氏だったのである。

八田知家は宇都宮氏の当主、宗綱の四男として生まれた。姉妹には頼朝の乳母の一人である寒河尼がいた。

知家は改名前に四郎と名乗っていたが、保元の乱で初陣を経験したのち平家追討では、源範

頼の軍の一員として戦った。平家滅亡後に後白河法皇から頼朝に無断で官位を受け取ったとして、弟の義経は鎌倉幕府から追われる身となったが、実は八田知家も後白河法皇から右衛門尉の官位を受けていた。

頼朝は「鎮西（九州）に下向する途中に京で任官するなど怠け馬が道草を食うようなものだ」と激しく罵倒したという。だが、それ以上の処罰はしなかった。

それどころか、義経追討の奥州合戦では、東海道大将軍に任命された。大抜擢の人事である。

こんな逸話が残っている。

頼朝の上洛日のことである。旅の準備で忙しい時である。知家は頼朝の馬の世話を担当していたが、遅刻してしまった。

普通なら大目玉を食らうところだが、知家は少しも慌てず、「殿のお乗りになる馬は体調不良です。そこで代わりの馬を用意しています」と、自分の馬を差し出したのである。まさに災い転じて福となすの悪知恵だった。

八田知家

知家が朝廷との交渉担当をしていた時のことである。

家来の一人が公務を怠っているのを検非違使に見つかり捕らえられた。このことを知った知家は実力で家来を奪還してしまった。知家の暴挙に怒った朝廷が訴えると、頼朝は罪人の引き渡しで解決を図った。

しかし、知家には罰として鎌倉の街道整備の工事を命じただけであった。

数多くの不祥事を起こした知家に対し、頼朝が寛大だったのは何故なのだろうか。

苦難の時代からの忠義を評価してなのか、頼朝の乳母の一人が知家の姉妹だったからなのか分からないが、頼朝のお気に入りの一人だったようである。

この知家が次第に本性を現し、数々の謀略を企てたのである。

鎌倉時代初期、有名な曾我兄弟の仇討が起こったが、知家は裏で暗躍したのだ。

曾我十郎・五郎兄弟が父の仇、工藤祐経を富士山麓で敵討ちした事件だが、頼朝の主催した富士の巻き狩りでの混乱に乗じて、常陸国の多気義幹を罠に嵌めることを画策した。八田知家が多気義幹を討とうとしている、という噂を流したのである。

その一方で、知家は「富士で混乱している頼朝を助けるために、富士に向かおう」と義幹に提案した。胡散臭さを感じた義幹は断って、周辺の領地の防備を固めたのである。

この異変を知った知家は「義幹が謀反を起こそうとしている」と幕府に報告した事が通り、義幹の領地は没収された。

これは「常陸政変」と呼ばれた。

知家の悪事はまだ続く。

執権の北条時政に害意を持っていたという理由で、多気義幹の弟・下妻弘幹を粛清した。謀略を用いて宿敵を失脚させたのである。

謀反の疑いで宇都宮氏に預けられていた頼朝の異母弟、阿野全成は、頼家の命令で下野国で誅殺した。これも知家の仕業である。

義幹・弘幹兄弟を失脚させた知家は二人の領地であった常陸国の南西部一帯を手に入れた。

これを機に、本拠地を常陸国に移し、当初の狙い通り常陸国守護の地位に任命された。

そして、頼朝の死後に発足した13人の合議制の一員に、八田知家は選ばれた。

幕府の政治を動かす重要人物に出世したのである。

8

小倉百人一首は波乱万丈の生涯を送った宇都宮の武士の発案だった

江戸時代以降、歌カルタとして普及し、人気の遊びとなった小倉百人一首。今では全国高等学校小倉百人一首かるた選手権が、長年の伝統行事として行われている。

競技は和歌の下の句だけが書かれた取り札と上の句の書かれた和歌の読み札があり、和歌が詠まれると、下の句の書かれた札をいかに早く取るかを競うものである。

小倉百人一首は鎌倉時代の歌人、藤原定家が作ったものと誰しもが思うだろう。だが、小倉百人一首を作ろうと考えた人物がいた。定家は依頼されて和歌を百首選んだだけなのである。依頼主は宇都宮頼綱である。

12世紀の鎌倉時代、宇都宮業綱の子として誕生したが、その後頼朝の乳母・寒河尼に預けられ、その夫・小山政光の猶子（家督継承権や財産相続権のない養子）になった。

その後奥州合戦に従軍し、若くして功績を上げたことで、鎌倉にも名が知れるようになった。

頼綱が16歳の時に、公田掠領騒動に巻き込まれた。祖父・朝綱が下野国司・野呂行房により公田掠奪で訴えられたのである。

この裁判は、朝廷によって豊後国国府預かりの身と裁定されたが、原因は征夷大将軍でもない頼朝が朝廷の決裁を仰がず、勝手に所領配分を行った為に起きた騒動であった。頼朝は朝廷に詫びを入れて解決を諮ったので、頼綱は早々と赦免された。

この時、頼綱は宇都宮家を継いだといわれる。さらに伊予国の守護職も与えられた。

頼綱の家系を見てみると、鎌倉時代の名家であることが分かる。

小山政光の猶子から藤原姓宇都宮氏5代当主になった。

頼綱の異母姉には頼朝の妻・北条政子がおり、妻は北条時政の娘であった。

そして、藤原定家とは頼綱の娘をその嫡男である為家に嫁がせている間柄であった。

父母や祖母譲りの歌人だった頼綱が和歌を通じて定家と親しくなったのである。

頼綱は天智天皇から順徳天皇までの約５５０年の年代を追って、１００人の優れた和歌を選んで欲しいと依頼したのである。

宇都宮頼綱（実信房蓮生）

頼綱の京都嵯峨野の小倉山荘にあった色紙の歌と呼ばれていた襖を和歌の色紙で飾れるようにしたかったのである。

百人一首は定家に選定してもらった和歌98首を、その襖絵として飾ったことに始まったのだ。

頼朝の死後、2代将軍に頼家が就任したが、北条氏に強請され、将軍職を弟、実朝に譲った。この政変の裏にいたのが時政であった。

伊豆修善寺に幽閉された頼家は、やがて時政らに殺害されてしまうが、3代将軍実朝の暗殺未遂事件が起こると、頼綱の姑・牧の方と北条時政が実朝殺害を謀ったとの疑いで拘束された。時政の年の離れた後妻の牧の方が、娘婿の平賀朝雅を将軍にしたいと、時政をそそのかしたといわれている。

頼綱にも謀反の疑いがかけられた。

自分たちの権力維持をはかりたい北条政子と義時は側近の13人を集めて評議し、小山朝政を召し出した。小山に頼綱を追討するよう迫るためである。

しかし、朝政は義理の兄弟であることを理由に、頑なに追討を断った。義理の兄弟の粘り勝

藤原定家

ちである。

こうして危機を逃れた頼綱は、すぐさま書状を鎌倉に送った。謀反の考えがないことを訴えるためである。

こうした手を尽くす一方で、下野国で出家を決意した頼綱は一族郎党60人余りにも出家を迫ったのである。前代未聞の集団出家が行われて、頼綱は実信坊蓮生と号した。

出家の道に入ったのは、まだ28歳の若さで、自害や出家を覚悟した時に切る髻（結い髪のもと）を結城朝光に献上している。

以後、京都嵯峨野の小倉山荘で隠遁生活を送ったが、頼綱の功績はまだ辺境の地だった宇都宮に和歌の宇都宮歌壇を作り上げ、京都歌壇、鎌倉歌壇と並ぶ三大歌壇の一つにしたことである。

9 鎌倉幕府滅亡の原因
倒幕の動機は下野国と上野国の棟梁の金の恨みだった

歴史の教科書などでは、鎌倉幕府の滅亡の原因は、1　蒙古襲来の元寇と失政　2　徳政令の失策　3　後醍醐天皇の台頭などと書かれている。

元寇では、蒙古軍の撃退には成功したが、幕府は武勲をあげた御家人に恩賞をあげられなかった。

土地を売って戦費を工面した多くの御家人は借金を背負うことになり、幕府を恨んだ。そこで幕府は徳政令を発令。商人から無償で土地を返してもらったが、商人は御家人の借金を断るようになってしまった。

これらの失政で、幕府の最大の特徴である御家人と幕府の間で行われていた御恩と奉公による封建体制が崩壊したのである。

頼朝の死後、北条家の執権政治は9代続いたが、寄合衆による馴れ合いと腐敗の政治に反発する、天皇の政治を目指す後醍醐天皇が倒幕に立ち上がったのである。

この機運の中で、はじめ幕府軍から討幕軍に寝返った二人がいた。

足利尊氏（はじめ高氏、後醍醐天皇の名前の尊治から1字を頂いた）と、
新田義貞である。

二人とも先祖は同じで、河内源氏義国流足利氏本宗家と新田氏本宗家で8代目棟梁であった。

尊氏は足利貞氏の二男。新田義貞は朝氏の長男である。

足利家が執権の北条家から一目置かれる存在になったのは、承久の乱からであった。

この乱は後鳥羽上皇が鎌倉幕府を倒すべく立ち上がった戦いであった。

足利義氏は大将の一人として北条泰時を助けて勝利に導いた。この縁起を担いで、以来対外的な戦いでは、足利氏が大将を務めるのが嘉例（めでたい先例）となった。

北条氏が足利氏に圧力を加えても決して滅ぼさない理由であったという。

足利尊氏

新田義貞

後鳥羽上皇の乱は、公家勢力の衰退、武家勢力の強盛を招くだけであった。

一方の新田氏は鎌倉末期まで、頼朝の時代から近親者として優遇され、北条氏と婚姻関係を結んできたが、足利氏に比べ官位も領地の規模も幕府内の地位も遥かに劣っていた。

後醍醐天皇は懲りない天皇であった。

1回目の倒幕に失敗し、側近が流罪になっても、2回目の倒幕を画策するが、失敗し隠岐へと流されてしまう。だが、天皇は挫折するどころか、島から脱出し再び倒幕に走り出したのである。

後醍醐天皇の子・護良親王が挙兵すると、幕府はこれに対抗するため足利尊氏や新田義貞を派遣し、討幕軍として戦った。

尊氏は鎮圧のため幕府軍を率いて上洛した。

義貞は足利尊氏の名代・足利千寿王を総大将とする討伐軍に参加していた。

目指したのは鎌倉である。

この新田家に無理難題が降りかかった。

楠木正成討伐にあたって、膨大な軍資金が必要だと幕府が持ちかけたのである。

その調達のため、富裕税の一種である有徳銭の徴収を命令。しかも6万貫文もの軍資金を、僅か5日間という期限を設けて納入しろというのである。

新田氏が支配していた長楽寺が門前町として賑わい、裕福な商人が多いのを知っての命令であった。これを知った義貞は激怒し、使者の役人を処罰した。幕府は報復措置をとり討伐の軍勢を差し向けるという情報を入手し、討幕軍への参加を決意したのであった。

尊氏の場合は、『太平記』によれば、父・貞氏の喪中であることを理由に、出兵を辞退したが、許されず、このことから幕府に反感を抱くようになったというのである。

もう一つは金銭問題である。

足利家は多数の建築物の造営に多額の負担を課せられていたという。

北条氏による足利氏への経済的要求は突出していたというのだ。この長年の不満が爆発したのかもしれない。

新田義貞は鎌倉の東勝寺合戦で北条氏の一族郎党を倒した。

足利尊氏は京の六波羅探題を滅ぼし、１５０年余り続いた鎌倉幕府は滅亡したのである。

10 戦国時代到来、北関東は大混乱 戦国時代は関東から始まった

学校で習った歴史では、戦国時代の始まりは1467年の「応仁の乱」であるとされてきた。足利義政将軍の時、二人の実力者がいた。将軍の次の地位である管領の細川勝元（数々の内紛を鎮めてきた）と山名宗全である。

細川は巨大化していく山名家の勢力を阻もうとし、山名はそれに対抗する権力争いであった。山名軍に大内家が周防から大軍を率いて参戦すると、形勢は俄然山名側が有利となったが、講和を探るさなか山名宗全が病死、細川勝元も疫病にかかり死亡した。

全国的に戦国の世になったのは「明応の政変」（1493年）からだといわれている。応仁の乱が終結してから16年後に起こった政変で、戦国時代の到来を告げたといわれる。明応の政変は幕府の三管領の家系の一つ、畠山一族の戦争から始まった。応仁の乱では政長派、義就派に分かれ揉めた。

守護大名の山名持豊は義就を支援し、将軍義政に働きかけ畠山政長の管領職を罷免させた。

政長は細川勝元に応援を求めるが叶わず、義就は襲撃されて敗退した。

これが応仁の乱から始まる戦国時代の通説だったが、今では応仁の乱の始まる13年前の1454年の「享徳の乱」からで、京ではなく関東から戦国時代が始まったという学説が有力である。

享徳の乱は8代将軍義政の時に起こった。第5代鎌倉公方・足利成氏が関東管領の上杉憲忠を家臣が鎌倉不在の隙に謀殺した事に端を発する。

鎌倉府は足利尊氏が設置したもので、二男の基氏の子孫が世襲した。鎌倉公方を筆頭に、上杉氏が代々務めた関東管領が補佐する体制だった。だが鎌倉公方は幕府と対立し、関東管領とも対立していった。

こうした状況になる前に、6代将軍義教は4代鎌倉公方・足利持氏を憲実と共に攻め、滅ぼした。

ここから上杉氏の専制統治が始まり、将軍義教が暗殺されてしまうのである。

上杉の専制に対抗して、鎌倉府の再興を願い出ていた越後守護・上杉房朝らの要求に応え、幕府は持氏の子・寿王丸（成氏）を立てることを許し、鎌倉府は再興された。

足利持氏が滅ぼされる原因となった上杉憲実の息子憲忠が父の反対を押し切って関東管領に就任したが、成氏は憲忠を遠ざけ犬猿の仲の関係は続いた。

成氏と関東管領を務めた山内上杉家、扇谷上杉家の家臣団との対立も激しくなり、所領問題に発展していったのである。

山内上杉家の家臣・長尾忠房は足利持氏との争いを避けようとする上杉憲実のために、上野国平井（群馬県藤岡市）に平井城を築いた。以後85年間、平井は山内上杉氏の関東管領府だったのである。

上杉氏の関東管領の居城址

憲忠謀殺事件後、弟房顕は兄の跡を継いで関東管領になり、従兄弟の越後守護・房正と合流して上野平井城に拠り、「享徳の乱」が勃発したのである。

足利成氏軍と上杉軍の戦いは各地で行われ、この間に留守にしていた鎌倉を幕府軍に奪われた成氏は鎌倉に戻るのを断念。下総古河に入った。以後、古河城を本拠地にして、成氏は古河公方と呼ばれた。

各地に広がった戦乱で、混乱が生じていた。家臣に家督を譲る大名がいれば、成氏に寝返った家臣に追放された大名も出現した。

当時、江戸湾に流れていた利根川を境界に、東側は古河公方、西側は関東管領陣営が支配し、関東地方は東西に分断されたのである。

11

戦国時代は下剋上の時代
上野国、下野国、常陸国に、どんな下剋上があったのか

下剋上とは、下位の者が上位の者の地位や権力を略奪して地位を取って代わることである。南北朝時代からの下層階級台頭の社会風潮であるといわれている。

管領の細川政元による支配層内部の政権移動、明応の政変が下剋上の始まりである。政元は10代将軍・義材を追放して義澄を将軍に据えた。この将軍を傀儡化して思いの儘の政治を行なったのである。

この主君の首を挿げ替える下剋上の手法が南北朝時代以降、全国的に広まった。

下剋上の主役は守護職であった。鎌倉時代から守護は国ごとに置かれた役職で、その下に補助する役目の守護代がいた。

都にいる守護と地方の地元にいる守護代の勢力争いが原因であった。

問題は幕府の統治制度にあったのである。日本の68カ国を3つに分け、将軍（室町殿）御分国または公方分国と呼ばれるのは、45カ国、鎌倉殿分国と呼ばれるのは、10カ国（相模、伊豆、

武蔵、上野、下野、常陸、上総、下総、安房、甲斐)、九州探題(広い地域の政務、訴訟、軍事を司る役所)は11カ国(筑前、筑後、豊前、豊後、肥前、肥後、日向、大隅、薩摩、壱岐、対馬)そして奥羽探題の2カ国(出羽、陸奥)とした。

統治が分割され、畿内周辺以外は地方任せだったのである。

さらに守護が世襲制でなかったことに大きな意味があった。御家人の有する地頭職が世襲制だったからである。地頭は次第に在地領主として成長していった。

しかし、守護職が世襲化されると、守護職が政争の具として利用され、特に嫡子と養子との間で家督争いが起き、正当な後継者としての地位を証明する手段として守護職を求めるようになった。

東国関東で、なぜ動乱が相次いだのか。

10カ国を統治する覇権争いが、鎌倉公方と関東管領との間で繰り広げられたからである。

二人の主君を殺害したのは、上杉謙信の父

長尾為景は越後長尾家7代当主である。

父は守護代であったが、一向一揆討伐で戦死したため家督を継いだ。長尾家は叩き上げの一族で、分郡守護代から守護代に昇格したのである。

越後守護・上杉房能に仕えた為景は、越後守護に上杉定実を擁立しようと画策。房能の婿養子を傀儡化して守護の権力を奪い取ろうとしたのである。

領土に土着した武士である国衆たちを味方につけた為景は機先を制して房能の居館を襲撃したが、間一髪のところで難を逃れた。

兄・顕定を頼って落ち延びようとしたが、追討をうけ武蔵国で自害した。

一難去ってまた一難、為景の仕業に怒り心頭の関東管領・上杉顕定は越後国の侵攻を開始したのである。

この危機に、為景は幕府に働きかけ、顕定討伐のお墨付きを手に入れていたのである。だが、一族の裏切りがあって為景らは越中国に逃亡することもあったが、関東管領側の数々の寝返りもあって勝利した。

顕定は上田坂戸城の近くで戦死したといわれる。

混乱はまだまだ続いた。

傀儡として守護の座につけた上杉定実が権力を振りかざすようになり、為景と対立するようになったのである。そして、定実の実家上条氏を大将にした国衆が一斉蜂起し、越後は内乱状態となった。

この対立は為景の死後も続いた。

為景の死後、嫡子・晴景が跡を継ぎ春日山城の城主となった。晴景の18歳年下の弟が上杉謙信で二人の関係は悪く、内乱状態になった。しかし、再び守護に返り咲いた定実の和解策で、謙信を晴景の養子として長尾氏の家督を相続し、春日山城の城主になることで解決した。

宇都宮氏の城乗っ取り
主君を城から追い出した家臣

壬生綱房が下剋上の主人公である。

壬生家は、壬生町に館を構えた胤業が始祖で5代続いた土豪であった。

2代目当主の綱重が宇都宮氏に仕えて勢力を拡大させたといわれている。3代目の綱房は臨機応変に難題を解決する策略家として知られていた。

出世のために、宇都宮氏の重臣たちを次から次へと失脚させ、地位を盤石なものにしていった。

弱冠20歳の若き城主、20代目の宇都宮尚綱が那須氏との戦いに破れ戦死してしまった。これを好機とみた綱房は城の乗っ取りにかかった。

宇都宮氏の21代目後継者は、この時わずか5歳の広綱で、家臣に守られ真岡に逃げ延びたのである。

乗っ取り成功と喜んだのも束の間、綱房は急死してしまった。暗殺説もあるほどの不審な死であった。

綱房の跡を継いだ綱雄は、叔父との対立で揉めた末に暗殺されてしまうのである。

叔父は、綱雄の子・義雄を攻めるが、戦いに破れて逆に殺害されしまった。

下剋上劇はこれで終わらない。小田原の北条氏に攻め込まれた壬生義雄は北条氏の味方につくか、宇都宮氏側につくかの大問題を抱えて混乱に陥った。

この間に宇都宮城は奪還されてしまうが、壬生義雄は北条氏に従う道を選んだ。

勝手に他人の姓を利用して勢力拡大
宗家を城から追い出した常陸国の一族

源義光を祖とする河内源氏は名門の血筋である。義光の孫・昌義は常陸国佐竹郷（常陸太田市）に土着し、佐竹を名乗った。

時代は鎌倉公方が幕府や関東管領と対立し権力争いをしている最中、佐竹義盛が死去すると、佐竹氏の家督争いが始まった。

義盛に子が無かった為、死後に関東管領上杉憲定から二男を婿養子に迎えようとしたのが原因である。

反発したのは、庶家（嫡子以外の実子）佐竹山入家である。

山入氏は清和源氏義光流佐竹庶流を名乗り師義を家祖として山入氏と改称した。

山入氏が婿養子に反対した理由は、源氏の佐竹に藤原姓の養子が来ることに反対したのである。

佐竹の家臣の筆頭的存在だった山入氏は同門の武士を集め、国内を二分する山入一揆を起こした。

この戦いは一世紀続いたが、山入氏は佐竹姓を名乗り、その名を利用して勢力拡大していたのである。

一時は和解策として、佐竹義憲と山入祐義が半国守護となり、混乱が収まるかに見えたが、佐竹宗家は居城の太田城を追われ、一族の大山氏などを頼る受難の時期を迎えた。

しかし、佐竹義舜が太田城を攻撃し、山入氏義とその子・義盛を殺害。山入氏は滅亡した。

坂東武士の拠点、上野国の岩松氏の下剋上
没落後に復活し、幕末まで存続した

上野国府に入り新皇と称した平将門を鎮圧した藤原秀郷、奥州平定に功を挙げた源頼義と義家親子の活躍によって、上野国は坂東武士の聖地・拠点となった。

義家の孫・義重は新田荘を開いて新田氏を名乗った。その子孫、義貞は鎌倉幕府滅亡と建武新政に活躍したが、足利尊氏との対立から一族は分裂した。一方の岩松氏は、清和源氏のうち河内源氏の棟梁であった鎮守府将軍・源義家の子・義国を祖とする足利氏の支流であった。家祖の岩松時兼が弟の時朝と共に実父の足利義純から義絶（親族の縁を断つこと）されたため、実母の実家である新田氏の一族に入ったのである。

金山城（太田市）城主岩松守純の頃になると、重臣・横瀬成繁の専横によって城が奪われてしまった。

岩松氏は札部家と吉兆家とに分裂していたが、札部家は没落したのである。家純の死後、当主尚純と父の明純が対立するが、手を組んで横瀬を倒す企てに失敗した。完全に横瀬に実権を握られたのである。

「屋裏の錯乱」と呼ばれる事件後、傀儡として据えた君主・昌純は横瀬によって殺害され、跡を継いだ弟の新田岩松氏純は自害して没落した。

横瀬は新田義宗の三男とする新田貞氏の子孫と称したが、由良氏に改称した。

関ヶ原合戦後に、岩松氏は徳川家康と対面した。その

岩松尚純

時、岩松家の家系図を見せ、家康が清和源氏の家系の一員であることを示したといわれている。

岩松家は家康から百二十石をあたえられ、石高は低いが、大名なみの待遇を与えられたのである。江戸時代、岩松家は猫絵の殿様として有名で、明治時代には猫男爵といわれた。

12

北関東は上杉、武田、北条三強の領地拡大の草刈り場だった

『北条記』という軍記物語がある。

北条氏の台頭から5代で滅亡した歴史を記述したものである。

その中に、初代の北条早雲が6人の家老に語ったとされるエピソードがある。それによると、「昔は源平が左右に並んで朝廷を守っていた。保元・平治の頃、源氏が衰えて平氏が栄えた。その後、源氏が立ったが、源氏3代の後、平氏の北条氏が世を治めた。しかし北条氏も9代で滅びた。これに代わって源氏の足利氏が京と鎌倉に栄えた。

鎌倉殿の持氏が滅亡したのち、堀越公方の足利政知が下向してきた。これも源氏であるが病死した。

小田城址（茨城県）

源氏の足利持氏、政知が相次いで死亡。
源氏が滅亡する時期がきたからである。
今の関東管領の上杉氏は藤原であるから世を治めるのにふさわしくない。
北条は平氏であるから必ず世に出るべき運にある。（この考えの根底には、源平藤橘の四姓による政権担当の思想がある）」

北条早雲が関東進出の野望を抱くきっかけは、駿河の守護今川義忠の戦死から始まった家臣間の内紛であった。

内紛鎮圧のため堀越公方政知から派遣された上杉政憲と扇谷上杉定正から派遣の太田道灌の双子の陣に、早雲が訪ね調停策を進言し、調停に成功して一国の城主になったのである。2代目氏綱は領土拡大し相模国を手中にすると、権威づけのために北条と改姓し、関東一円に名を広めた。

当時関東の実権は山内上杉家と扇谷上杉家が握っていた。この両勢力を倒したのが、3代目北条氏康である。

関東管領山内憲政、扇谷上杉朝定は駿河の今川義元と同盟を結び、北条氏が奪った河越城（武蔵国）を包囲した。
この連合軍の中には、氏康の妹の婿である古河公方足利晴

北条氏康

氏も加わっていたが、城は半年もちこたえ、少ない兵力で攻撃すると、油断していた包囲軍は大混乱に陥った。

朝定は討ち死にし、上杉憲政は上野国に逃げ、古河公方晴氏も大敗して、命からがら下総国に逃げこんだ。

この勝利によって、関東の豪族たちは北条方に降り、北条の勢力は関東一円に広がっていったのである。

甲斐の武田信玄は、父を駿河に追放し、守護職に就いた人物である。

一族の分散配置をはかり、家臣には武田と名乗らさず、それぞれの在所名を姓とするよう定めた。信玄も領土拡大をはかり、対外侵略を重ねたが、それもこれも家臣の経済的危機を救うために行ったということである。

甲斐・相模・駿河の甲相駿三国同盟が結ばれた。

武田、今川と北条の婚姻による同盟である。

北条家の娘と今川氏真、信玄の娘と北条氏政との婚姻によって、関東の戦いに専念しようというお互いの狙いがあったが、桶狭間の戦いで今川義元が討たれたため、同盟は崩壊した。

武田信玄

武田信玄が駿河に侵攻したのはいうまでもない。川中島の戦いは有名だが、それと並行して行ったのが利根川以西の西上野の侵攻である。信玄が西上野にこだわったのは、そこが上杉氏の勢力圏だったからである。

拠点である箕輪城を攻略し、領国化したのも対北条氏の最前線と考えたからである。

上杉謙信は関東へ十数回も三国峠を越え、出陣している。はじめは、関東管領だった上杉憲政が越後に逃げ去った平井城奪回のためだったが、遂には打倒北条氏康のために関東出陣をするのである。

謙信にそう決意させたのは、謙信が上洛した時に、関白・近衛前嗣がこう提案したからという。「京都から与えられた権威と自身の武力をもって関東とその周辺を支配下に置いてから、大軍勢を率いて改めて上洛する。その上で幕政刷新する」。この考えに将軍の足利義輝も賛同し、後押ししたという。

上杉謙信

謙信は関東管領職を継承し、北条氏康の小田原城包囲を開始した。

小田原城攻略の呼び掛けに、下野国の小山、宇都宮氏、常陸国の小田、真壁、多賀谷、佐竹氏など主だった戦国武将たちはこぞって馳せ参じた。その数、10万余りだったといわれるが、小田原城は落ちなかった。

上野の平井城は85年間、山内上杉家の関東管領府がおかれていたが、その間に古河公方足利成氏との抗争、扇谷上杉との争い、そのあと北条氏との戦いが続いた。

上野国が「戦国大名の草刈り場」と揶揄されたのは、中小領主が割拠していたからである。弱小領主が生き残るために、長い物には巻かれよの精神が蔓延していたのである。

13 日本で最も弱い戦国武将が常陸国（茨城）にいた

武将の名は小田氏治。織田信長と同じ年に生まれた。本姓は藤原氏で下野国の宇都宮氏の一門である八田知家を祖とする関東八屋形（中世の大名の敬称）の一つに数えられる名門だったが、八田知家の謀略で念願の常陸国守護になったのが始まりである。

小田氏治は「常陸の不死鳥」と言われた。戦に何度負けても死ななかったからである。戦国時代とはいえ一体どの位戦争したのだろうか、小田氏治の戦歴を調べてみた。21歳の初陣から56歳の最後の戦いまで45回も戦争をしているのである。

その戦績は19勝26敗で、小田城を9回も落城させている。

氏治にとって最大の敵は結城政勝と同じ年の結城晴朝であった。

小田氏治

弘治2年（1556年）家督を継いだばかりの小田氏治は配下の真壁城主が結城政勝の家臣によって、結城方に寝返ったことで力を削がれたが、すぐさま報復に立ち上がった。小田氏は佐竹義昭の助けを借りて出兵し、結城政勝を攻めたが、北条氏は武蔵国の太田資正らを結城に預けて小田領に侵入した。

小田勢は迎え撃つも海老島の戦いで破れ、小田城を奪われて土浦城に逃げ込んだ。だが、常陸国進出を目指す北条氏康は佐竹義昭に対抗するため小田氏治と和解。北条の後押しを得られなくなった結城勢を追い払い、小田氏は小田城に戻ることが出来たのである。

永禄3年、上杉謙信は北条氏康に敵対する勢力の要請に応え、初めて関東に出陣した。しかし、政勝の死後跡を継いだ結城晴朝は北条と条約を結んだため、小田氏治は結城城を攻撃したが、有力家臣が離反して晴朝は孤立し、城は本丸を残すのみになって降伏した。

翌年、謙信の小田原城攻撃に失敗したのを目の当たりにした氏治は北条氏康の誘いに乗り、上杉方から北条方に離反した。

氏治は常陸国中部の大掾貞國と敵対していたが、再び関東に出兵した上杉謙信に合流するため小山方面に出陣した佐竹義昭軍の留守をついて、三村の戦いで大掾貞國を破った。

永禄7年、佐竹義昭、宇都宮広綱、真壁氏幹が連署で氏治の背信を上杉謙信に訴えたため、氏治は上杉軍の攻撃にさらされることになった。謙信は電光石火の早業で出陣させ、小田領に侵攻した。

氏治はこれほど早く攻め寄せるとは思いもよらず油断しており、兵も急遽集めた為に戦いで大敗を喫し小田城は落城。藤沢城に逃れた。しかし、翌年に佐竹義昭が死去。その後の混乱をついて小田城を守る佐竹軍を追い払い奪還に成功した。

ところが、上杉謙信の再度の出兵に遭い、再び小田城から敗走した。

これにも懲りない氏治は、甲斐の武田信玄に小田城で佐竹義重を討つための援助を求めている。

その一方で、結城晴朝を通じて謙信に降伏を申し入れ、小田城の城壁を修復しないという条件で認められ小田城を回復したのである。

永禄12年、小田城に攻め寄せた佐竹義昭の子義重に対し、氏治は城を出て野戦を行い、佐竹軍に多大な損害を与えて撃退した。

元亀4年元旦の明け方、佐竹家の家臣となった太田資正は佐竹軍を率いて小田城を襲撃した。その作戦はまさに奇策である。

城内では、大晦日に当時流行していた連歌会が行われており、無防備であった。不意をつかれた氏治ら家臣たちは小田城から命からがら敗走した。

この戦いで家臣の一人が佐竹方に寝返っていたことが判明し、氏治は直ちに城奪回を試みて佐竹軍を破り小田城を奪還したのである。しかし、手這坂の戦いで佐竹義重・太田資正に敗れて居城小田城を再び失い、土浦城へ敗走、さらに藤沢城に逃れた。

土浦城が落城した際、家臣の多くが討死あるいは降伏し、小田方の周辺の城も次々に落城して劣勢に陥っていたが、氏治は再起する力を温存していた。

長男友治は北条氏政に仕えていたので、氏政に氏治を援助するよう依頼したのである。

天正18年、氏治は小田城奪回のため兵を率いて小田城外に陣を張った。佐竹方は城から出た兵が迎え撃った。

小田軍は優勢に戦いを進めたが、激戦で大混乱となり、佐竹方は城内に逃げ込んで小田城の奪回はならなかった。

小田原の氏政に救助をもとめたが、豊臣秀吉の攻撃にさらされ、北条にもはや余力はなかった。

これが35年にわたる小田氏治の小田城をめぐる戦歴である。

14 連戦連敗でも城を失っても生き延びた戦国武将の秘密

「常陸の不死鳥」と言われ、何度負けても死なない戦国武将は小田氏治である。

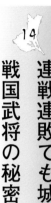

氏治の父は政治といい、室町幕府11代将軍足利義澄の弟であった。名門の出で若くして小田城の城主になった氏治は、その人柄をこう評されていた。「短気なうえ、目先のことしか見えない」と言われ一国の大将としては致命的な欠点から、敵はその性格を利用した策略で攻撃すると、いとも簡単に嵌ってしまい次々と敗北を重ねた。

戦に負ける理由その1

一つの事に熱中すると他人の言う事が聞こえなくなる。戦で太田資正と対峙した時に挑発された。家臣の菅谷政貞は諌めようとするが、氏治は耳を貸さず手這坂で戦闘しようと勝負して敗北。小田城を失った。

戦に負ける理由その2

長年、佐竹家と戦ってきた小田家にとって、こちらが小国で相手が大国であっても、策略をもって支えてきたのが軍師である。

軍師源鉄は「決して城を出て平地で戦ってはいけない。必ず城に籠って戦い抜くべし。籠っている間に、近くの味方の城から援軍が来て追い払うことができる。どんなことがあっても籠城して防戦一途の戦いこそが肝要」と氏治に言い聞かせてきたが、軍師源鉄が死亡してしまったのである。

この知らせに、小田攻めで何度も辛酸をなめた佐竹義重が動いた。小田領に侵攻開始したのである。氏治はこれを聞くや兵を出して途中で迎え撃とうと人数を集めた。

驚いた家臣の一人は猛反対するが、氏治は出陣。佐竹方の伏兵戦術に引っかかり敗戦した。氏治の性格が読まれていたのである。

戦に負ける理由その3

小田城は近くに霞ヶ浦の湿地帯が広がり、桜川を通じた水運で、藤沢城や土浦城と連絡がとれた。

以前、海老ケ島城に攻め込んだ結城軍は沼地に阻まれて苦戦した。この様子を見た氏治は耐え切れれば勝つと思ったという。

再び海老ケ島城の戦いで、上杉謙信が攻めてきた。氏治は沼地を挟むように布陣。謙信軍は沼地で動けなくなると算段した。

謙信軍は氏治の思った通り攻めてきたが、全く足を取られず一直線に突撃してきたのである。上杉謙信は事前に周囲の地形を調べており、突撃場所の目星を付けていたのである。戦に負ける理由の他に、何度負けても死なず生き延びた理由があった。

その最大の理由は家臣が優秀で裏切りや謀反を起こすどころか、何度も居城を取り戻したからである。

譜代の家臣であった菅谷一族をはじめ優秀かつ命をかけて忠誠を誓う家臣に恵まれ、支配されていた領民も小田氏を慕っていたといわれる。

小田氏治の家臣は一門六家といわれ、各々が城を守った。

秀吉の小田原攻めで、氏治は秀吉軍に参陣せず、豊臣方の佐竹氏に叛旗を翻し小田城奪還の兵を動かした。惣無事令が出ているにもかかわらず戦争したことを理由に、秀吉に改易され所領を全て没収。大名としての小田氏は滅亡した。

全てを失った氏治は奥州巡察に向かった秀吉を追って会津に行き、浅野長政を通じて、その罪を謝した。秀吉はこれを許し、結城秀康の客分として、氏治は300石を与えられた。晩年の氏治は結城秀康の転封に従い越前に移りその地で68年の生涯を閉じた。

菅谷家は小田家への忠義が認められ、江戸幕府の旗本に取り立てられたという。

15 戦国時代は北関東で幕を閉じた

応仁の乱に先立つこと12年、１４５５年の享徳の乱が全国に先んじて関東で戦国時代に突入したきっかけだと言われている。

また１４９３年、北条早雲が伊豆討入りをした時が戦国時代の始まりだと言う人もいる。

では、戦国時代が終わったのは何時であろうか、様々な説がある。

１５７３年、織田信長が15代将軍足利義昭を追放した時という説。

１５９０年、豊臣秀吉が北条氏の小田原征伐を行い、北条氏を滅ぼした後、東北の伊達政宗を従属させ天下統一を成し遂げた時という説。

１６１５年、徳川幕府が戦乱の世が終わったことを元和偃武を宣言した時と言う説。これは大坂夏の陣を最後に戦乱が治まったという意味である。

しかし、最も説得力があるのは１５９０年の秀吉の小田原征伐による天下統一である。

全国の名だたる戦国武将が次々に秀吉に従属し、忠誠を誓ったのに対し、小田原の北条氏と仙台の伊達政宗が最後まで抵抗した。秀吉の説得に政宗は従属するが、北条氏は首を縦に振らなかった。徹底抗戦を選んだのである。

戦国時代の初期、北関東の領地は上杉、武田、北条の三強が争奪戦を繰り広げるさながら草刈り場であった。

だが、武田信玄の死後、織田信長の甲州征伐で武田家が崩壊し、跡を継いだ勝頼を最後に滅ぼされたことで、関東の勢力地図が一変したのである。

織田四天王の一人といわれた鉄砲の名手、滝川一益が上野一国と信濃の支配を任された。一益は箕輪城、次いで厩橋城を本拠地として、近隣の国衆たちを従属させた。

これで関東一帯は安定するかに見えたが、大混乱の発火点となったのが、上野国の沼田であった。

主人公となったのは信濃国の豪族・真田氏である。戦国時代、武田氏に属して勢力を伸ばし、豪族の沼田氏の居城を奪い戦国時代後期から真田氏の沼田領支配の拠点とした。

武田氏が滅亡すると、真田氏は織田信長に従属すること

名胡桃城址

を選択し、沼田領を織田方に譲渡した。これで一件落着と思いきや、本能寺の変で大混乱が起こったのである。

信長の死が確認されるや、旧武田領をめぐる家康、北条氏直、上杉景勝の三つ巴の戦いが発生し、領土の草刈り場となって5カ月も争いが続いた。

その結果、所領の大半は織田の所領になり、駿河一国は家康の所領となった。

織田に同調して伊豆、駿河を攻めた北条には所領が与えられず不満と不信を抱いた。

しかし、本能寺の変で状況が一変したのである。「信長死す」の情報を入手するや、北条氏は上野国に侵攻開始したのである。

対する滝川一益は上野国を治めて僅か3カ月。押し寄せる大軍に右往左往するばかりであった。滝川一益と北条氏直が神流川周辺で争った戦いは、天正壬午の乱と呼ばれ、戦国時代を通じて最も大きな野戦だったといわれる。滝川一益はこの戦いに敗れて敗走。尾張の本拠地に逃げ帰った。

この失態で地位は急落し、所領全てを没収された。勝者の北条氏は上野国を掌握したのである。真田昌幸は沼田領を再び取り戻すことができた。

真田の調略は小国ながら巧みであった。

国衆たちを束ねる真田は、どの陣営に味方するか苦心したが、例えば上杉が信濃国に侵攻すると迷うことなく臣従し、北条の軍勢が迫ると寝返った。何度も主君を変えたのである。天正壬午の乱で、徳川と北条の和睦が織田信雄の仲介役で結ばれた。

その内容は、甲斐、信濃で北条が占領した領土は徳川に譲渡すること上野国は北条の切り取り次第とし、真田氏の沼田領は北条氏に譲渡北条氏と徳川氏の間で婚姻関係をもち、同盟を結ぶこと
だが、真田はこの条件に納得せず、沼田領を手放さないことを決めた。

家康と真田昌幸は不仲となって、両者決裂すると、昌幸は再び上杉に従属するようになる。

真田の領土制圧を考えた家康は徳川勢で真田の居城・上田城を攻め、北条勢で沼田城を攻めたが、攻略できず失敗した。

真田が従属した上杉が秀吉に降ったことで、真田も秀吉に従属したのである。

秀吉は仮想敵国を北条氏と奥州の伊達政宗とし、「惣無事令」を発令。この指示に従わない者は成敗するという姿勢を示したが、北条氏は従わず、上野国で北条氏邦は沼田領侵攻を繰り返した。

この行為に圧力を加えた秀吉に、北条氏は屈し従属することを決定した。

北条氏に対し、秀吉は「沼田裁定」を下したのである。

その内容は「3分の2を北条氏に、3分の1は真田氏が所有する」という折衷案が示された。

削られた沼田領の3分の2にあたる代替地は家康から真田氏に信濃国伊那の領地を与えられるというものであった。

この案で決着が図られたが、両者納得いかず決裂したのである。

秀吉の裁定を破り、北条氏は沼田領内の名胡桃城を強奪した。面子を潰された秀吉の怒りを買ったのは言うまでもない。

最後の仮想敵国の北条氏征伐の大義名分をあたえたのである。

これで秀吉に逆らう者はいなくなり、天下統一となったのである。

16 用心深い家康の北関東の大名配置 どこを一番重視していたか

北条が滅んだ後、北条に従属していた戦国大名たちは、家康によって揃って所領替えを命じられた。しかし、真田氏だけは沼田領の安堵とともに領地を加増された。

常陸国を支配していた佐竹氏は50万石以上の禄高を誇る大大名だったが、関ヶ原合戦で上杉景勝に与したため、戦後に家康によって大幅に減封されたうえ秋田に転封された。

家康は外様大名が乱立する東北地方を牽制するため、五男・信吉を水戸に入れた。しかし、夭折したため十男・頼宣に白羽の矢を立てたが、一度も水戸に入らず駿河藩に移った。次に十一男・頼房でやっと藩主が決まったのである。禄高35万石といわれ、御三家の一つとなったが、その格式を守るため慢性的な財政難に悩まされた。

江戸時代の大名とは、石高1万石以上の領地を与えられた者である。

大名にも格があり、序列があった。最高位は御三家で、次いで一国の領土を持つ国主で国持大名とも言った。居城を持つ大名は城主で、居城を持たないが、城主並みの待遇の大名は城主格。その下が平大名であった。

更に大名は江戸城で控える部屋が決められており、これが格であった。

また関ヶ原の戦い以前から徳川家の家臣だった者は普代と呼ばれ、関ヶ原の合戦以降に家臣になった者は外様といわれた。

幕府が江戸に開かれ、拠点である江戸城が関東地方にあった為、用心深い家康は裏切る心配の無い信頼できる譜代藩を関東各地に配置したのである。

その上、天領や旗本領を網の目のように配置し、他の地方のように大きな領地を持つ藩を作らせなかった。

常陸国

常陸国の大名をみてみると、水戸藩の他に13藩あった。
土浦藩　九万五千石　家康の祖父・清康の従兄弟が立藩した　譜代大名　城主
松岡藩　二万五千石　幕末まで正式な藩に認められず、明治元年に藩屏に
宍戸藩　一万石　水戸徳川家の支藩　陣屋
笠間藩　八万石　譜代大名　城主

下館藩　二万石　譜代大名　城主
下妻藩　一万石　譜代大名　陣屋
谷田部藩　一万六千石　外様　陣屋
牛久藩　一万石　譜代大名　陣屋
結城藩　一万八千石　譜代大名　城主
府中藩　二万石　家門（松平）　陣屋
　水戸藩の分家
麻生藩　一万石　外様　陣屋
志筑藩　一万石　交代寄合（大名のように参勤交代する）　陣屋
古河藩　八万石　譜代大名　城主

14藩合わせての石高は、75万4千石であった。

下野国

下野国の大名をみてみると、10藩に過ぎない。しかも10万石以上の禄高の大名は1人もいないのである。

大田原藩　一万一千石　外様　城主
高徳藩　一万石　譜代大名　陣屋
烏山藩　三万石　譜代大名　城主
　目まぐるしく藩主が替わった
壬生藩　三万石　譜代大名　城主
黒羽藩　一万八千石　外様　陣屋
喜連川藩　一万石　外様　陣屋
　足利家の末裔
宇都宮藩　七万七千石　譜代大名　城主
吹上藩　一万石　譜代大名　陣屋
足利藩　一万一千石　譜代大名　陣屋
佐野藩　一万六千石　譜代大名　城主格

下野国の大名は10藩で、合わせた石高は22万3千石であった。
常陸国の石高の3分の1以下である。

酒井忠次像

上野国

上野国の大名は9藩と少ない。旗本領が多かったからである。

前橋藩　十七万石　家門　城主
初代藩主は徳川四天王の一人と謳われた酒井家の重忠であった。

高崎藩　八万二千石　譜代大名　城主
徳川四天王の一人で、井伊の赤鬼の異名を持つ猛将の井伊家が初代

沼田藩　三万五千石　譜代大名　城主
信濃国の真田家から独立

伊勢崎藩　二万石　譜代大名　陣屋
前橋藩の分家

小幡藩　二万石　譜代大名　城主格
織田信長の直系の血筋

井伊直政像

安中藩　三万石　譜代大名　城主
中山道の関所・碓氷関を管轄
七日市藩　一万石　外様　陣屋
加賀前田家の五男が陣屋を持つ
吉井藩　一万石　家門　陣屋
鷹司家の血統から家門待遇
館林藩　六万石　譜代大名　城主
初代藩主は徳川四天王の一人榊原康政である

上野国の禄高は43万7千石であった。常陸国の石高の約半分以下しかなかった。

にもかかわらず、家康は上野国を江戸城防衛の重要地点と考えていた。百万石の加賀藩や家康の天敵・真田氏の侵攻を恐れて、第一の防衛線となる上野国に頼りになる家臣を配置したのである。

家康を将軍の座に押し上げた徳川四天王のうち、3人を上野国の前橋藩、高崎藩、館林藩の藩主に抜擢したのである。

榊原康政像

17

宇都宮釣天井事件の真相
本多上野介正純が失脚した背景と仕掛人

江戸時代に書かれた『大久保武蔵鐙』の中に、家康・秀忠・家光の3代の将軍の下で実力者だった本多正純が如何に失脚したか、その経緯を綴ったのが『宇都宮騒動之記』、世にいう「宇都宮釣天井事件」である。

宇都宮城は家康を祀った日光東照宮を警護する重責を担い、将軍が日光参拝する際には宿舎となった。

宇都宮藩主の正純が、将軍の寝所となる部屋の天井に仕掛けを作り、天井を落として圧殺しようと計ったとか、湯殿の床板が落ちるようになっていて、その下に剣が立て並べてあり、将軍・秀忠を殺害しようとしたというものである。

宇都宮城

歴史とは全くかけ離れたこの事件は、芝居や講談、小説、映画の時代劇などで、広く知られるようになった。

だが、なぜ「宇都宮釣天井事件」が生まれたのだろうか。その背景と真相を探る。

本多正純は幼少の頃から家康に仕え、父・正信に次ぐ側近として大きな権力を握っていた。家康の死後、2代将軍・秀忠のもとで年寄の一人として幕府の政治を担ったのである。そして、下野国小山から宇都宮に15万5千石へ破格の加増を受け転封した。

しかし、家康と父・正信の相次ぐ死で暗い影が漂い始めたのである。

将軍・秀忠は正純の栄達を不快に思い、幕閣の要人の多くは嫉妬した。正純の失脚を期待し始め、そのきっかけを待っていたのである。正純失脚の仕掛人といわれたのが、家康の長女・亀姫である。

亀姫は17歳で三河新城の城主・奥平信昌に嫁いだ。奥平氏は元来上野国の出身で、室町時代の頃三河に移り住み土豪として勢力を拡大した。

奥平氏は武田方にあったが、家康は遠州を経略するために奥平氏を味方に付ける必要があった。その好餌の一つとして長女亀姫を嫁がせたのである。政略結婚の具に供され

亀姫

たのだ。

夫・信昌との間に四男、一女をもうけたが、一女は長じて小田原城主大久保忠隣の跡取り息子に嫁すことになる。

このことが、本多正純失脚に繋がるのである。正純失脚の9年前、家康が城に来て泊るのを待ち受けていた大久保忠隣に謀反の意があるとの密告があった。小田原近くまで来ていた家康は急に江戸に引き返したのである。やがて忠隣はキリシタン取り締まりのため京都に派遣されたが、その後を追いかけて処罰の使者が忠隣を訊問したのである。

大久保忠隣は6万5千石を没収され、失脚した。この事件の仕掛人は本多正信・正純父子で、政敵忠隣を一気に葬り去ったというのが当時の世評であった。

正純は、この事件以前に、家康の娘・千姫を大坂城から助け出したことで有名となった坂崎出羽守の叛逆事件での強硬な対応や広島の大大名・福島正則が正純の陰謀で改易され49万石から津軽の4万5千石に移されたこと。それに加えて、亀姫の娘の嫁ぎ先の義理の祖父・大久保忠隣が失脚した事件の黒幕は正純に違いないと亀姫は確信したのである。

そして、何とかして正純に復讐したいと思った。そもそも宇都宮城の城主は家康の外孫、奥平家昌だったが、後継ぎが幼少であるという理由で、1万石加増の上、古河城主に国替えとなった。入れ替わりに宇都宮城主となったのが本多正純である。この昇進前は下野国小山で5万石だったから、破格の加増であった。亀姫の不満と怒りが爆発したのである。
折しも宇都宮城主になった早々、家康七回忌にあたり、正純は将軍・秀忠の日光東照宮参詣の奉迎をしなければならなかった。
この準備に亀姫は付け入る隙あり、と睨んだのである。
亀姫は将軍・秀忠に、本多正純に数々の不審な挙動があると告げ口したのである。
本多正純は上方から大量の鉄砲を購入した
新築の将軍用宿舎に不審な仕掛けがある
新築の工事を夜に行わせた
工事に関与した根来同心（鉄砲隊）を殺害
これを信じた将軍・秀忠は帰途に宇都宮城に立ち寄るべきではないと、将軍の御台所急病を理由に通過してしまったのである。
それからしばらくして、出羽国山形の最上藩で、藩主が酒宴・遊興にふけり政治を顧みないのを責めて、最上家57万石を取り潰す決定を幕府が下し、本多正純を山形城受け取りに派遣した。城受け取りが終わると、将軍の使者が到着し、正純に対し宇都宮15万5千石を没収し、出羽に配流。特別の恩恵として賄料5万5千石を与える旨を申し渡したが、正純は固辞して受けなかった。正純は、その後出羽各地の配所で暮らし、73歳まで生き延びた。

18 忠臣蔵の手本になった宇都宮藩の浄瑠璃坂の仇討

本多正純が失脚後、再び宇都宮城主に返り咲いた奥平氏だが、後に仇討で江戸の話題を攫い歌舞伎で『浄瑠璃坂幼敵討』という狂言で上演される程であった。

新宿区市谷砂土原町、ここにある浄瑠璃坂で、寛文12年（1672年）仇討があった。赤穂浪士が吉良邸に討入りした30年前のことである。

坂にあった元宇都宮藩家老の奥平隼人邸に、奥平源八とその一党が討入りした事件である。

そもそも何故仇討に至ったのか、その経緯の発端は藩主・奥平忠昌の葬儀であった。奥平家の一門で家老の奥平隼人（2千石）と同じ家老の奥平内蔵介（千石）が位牌に認められた亡君の戒名で言い争いをしたという。戒名の読み方が分からなかった隼人に対し、内蔵介はすらすらと読んでみせた。

すると、隼人は口汚く内蔵介を嘲弄し始めた。罵られた内蔵介は葬儀中と場所柄をわきまえて堪え、この時は事なきを得た。ところが亡君27日忌法要の席で、二人の諍いが再燃したのである。

内蔵介は急病で倒れ、嫡子・源八に法要の代参を務めさせたが、隼人は法要の席で、内蔵介の遅参は無礼であり怠慢である、と大声で罵倒した。その声が聞こえたのか、近親者に抱えられながら内蔵介が駆け付けると、隼人は悪口雑言を浴びせ続けたのである。

内蔵介もさすがに腹を立て、太刀を抜いて隼人に斬りつけた。しかし、武芸の達人の隼人と隼人の弟・主馬充の逆襲に遭い、深傷を負ってしまった。

自邸に戻った内蔵介は切腹したが、隼人は内蔵介は乱心者だからと切腹を拒否した。

奥平家から幕府に出された内談の裁断は、内蔵介の刃傷沙汰は乱心故で同情の余地はないが、隼人は抵抗しただけであるから咎めるに及ばずというものであった。

内蔵介の子・源八は改易、追放の処分が下された。隼人及び父・大学も改易にして、浪人の身分にしたのである。

源八はこの時12歳であったが、親の敵を討つために、従兄弟の奥平伝蔵ら4人を後見として

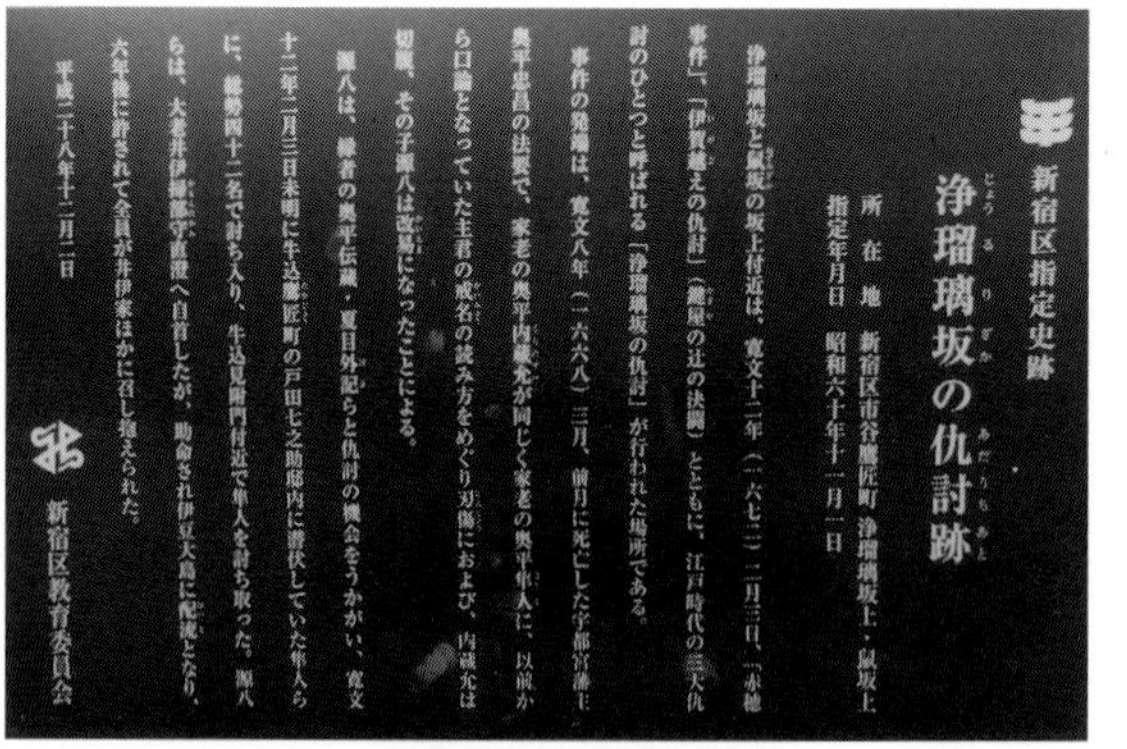

浄瑠璃坂の仇討跡

親戚を転々とした。

隼人も江戸に出て旗本の家に隠れ住んでいて、討つべき機会を見出せないでいた。そこで、山形にいる弟を討てば隼人も出てくだろうという目論見で、源八一行は山形に赴いたのである。

源八方は総勢17人、主馬方は20人余りで果たし合いが始まったが、主馬はじめ7人を討ち果たした。

源八は無事江戸に帰り、隼人が隠れ住んでいた旗本宅へ、主馬の首に果たし状を添えて投げ込んだ。それを見た隼人は、そこにいることができず、市ヶ谷の浄瑠璃坂に転宅した。父が切腹してから4年、寛文12年（1672年）に源八は江戸に出てきた。大風が吹き荒れた夜であった。

翌日も終日風が吹いていたが、源八らはこの機に乗じて夜半に討入りをした。着込（上衣の下に着る鎖帷子）後ろに丸に一文字を墨でつけて紋にした白木綿の袖なし羽織を着ていた源八方は、松明に火をつけ、「火事、火事」と言いながら、門を掛矢で打ち破り、邸内へと侵入して敵討の意趣を名乗ったのである。

隼人を討ちもらし夜明けに引き揚げたところ、隼人が槍を持って追いかけてきたので、牛込の土橋のきわで討ち取った。

しばらくたって、源八は大老の井伊掃部頭の邸宅に名乗ってでた。

幕府の裁きは、隼人の屋敷の周りに茅を積んで火を放ったという罪で、源八、伝蔵ら合わせて9人が伊豆大島に流された。

6年後、天橋院（千姫）13回忌の恩赦で罪を許され、源八らは彦根の井伊家に召し抱えられたのである。

歌舞伎の「浄瑠璃坂の敵討」

この仇討の30年後、元禄14年に伊勢国亀山で仇討があった。赤穂浪士の吉良邸討入りの1年前である。

青山因幡守の家臣・石井宇右衛門が武術の遺恨によって赤堀源五右衛門に斬り殺された。まだ幼かった石井半蔵・源蔵の兄弟は敵を探し求め、行商人や近江の茶売りの姿で身辺を探ったが、赤堀に辿りつけなかった。しかし、石井兄弟は亀山藩士の家に奉公することができ、父の死から29年目にして父と兄の敵である赤堀源五右衛門を亀山の城下で討ち取ったのである。

赤穂浪士の長老、堀部弥兵衛は何故か亀山の仇討のことを書き残している。

浄瑠璃坂の仇討のことは一つも書いていないが、この仇討を手本にしている事があるのだ。

源八方が着用していた揃いの衣装、「火事、火事」と言って門に迫ったこと、討入り後に幕府に訴え出て裁きを仰いだこと、これらは赤穂浪士がそっくり実行した事であった。

19 北関東一貧乏な下野国の藩を財政再建した二宮金次郎

江戸幕府が開かれた当初、下野国には10藩あり、その総石高は22万3千石であった。上野国の藩は9藩で、総石高は43万7千石。常陸国の藩は14藩で、総石高は75万4千石にのぼった。下野国の石高は、上野国の約半分である。常陸国と比べると、3分の1以下しか米が取れない領地だったのである。

江戸時代の財政の仕組みは、藩の農村の百姓が米を生産し、米の半分前後を年貢として藩または代官に納めることになっていた。米は城下町に集まり、その一部を武士に配るが、それを俸禄と呼んだ。江戸時代は貨幣経済が発達していたので、米以外の食品や日用品などは現金払いになるため、米を換金する必要があり、米会所に集められた。

この様に領主の財政も、主に米納の年貢に依存していたから、厳しい取り立てに農民は苦しめられていた。

18世紀後半、関東地方は大飢饉の被害が頂点に達した時である。

二宮金次郎は小田原近くの酒匂川周辺の集落で生まれた。二宮家の田畑は酒匂川の氾濫で土砂に飲まれ、貧窮のどん底で父母は相次いで病死したので、16歳の金次郎は伯父の家に引き取られることになったのである。

金次郎は昼に激しい労働を続けながら、夜には『論語』などを読みふけった。これを見た伯父は「百姓に学問はいらない。明かりに使う油がもったいない」と叱りつけたが、ならば自分で油を作ろうと決心し、友人から菜種5勺を借りて植えると、7升以上の収穫をあげたという。金次郎は恵まれた体力をもっていた。身長六尺、体重25貫、まるで力士である。人並み以上の体力で荒地を次々と開墾し、貯めた金で田地を買い込んで、三町八反の大地主となったのである。

この金次郎が財政難に苦しむ藩主たちから次々に領内農村の再興を依頼され、財政再建まで手を広げたきっかけは、25歳の時からである。農業に精を出しながら小田原で武家奉公人として働き、藩の家老・服部家に仕えた。服部家は財政破綻寸前だったが、金次郎は4年で財政改革に成功し、財政再建を果たした。この金次郎の手腕が評判となり、各地に知られるようになったのである。

下野国の桜町領に小田原藩大久保家の分家である宇津家が入った。しかし、農村の荒廃がひどかったため、再興の手助けに金次郎に白羽の矢が立った。ここでの仕法が話題となり、常陸国の下館藩・谷田部藩・麻生藩などに請われて財政再建を行った他、生涯に600以上の村の立て直しを行った。

金次郎は金儲けのためでなく、勤・倹・譲をモットーに行動し、全ての財産を売って資金を作り任地におもむいたのである。

下野国の桜町領では、取れ高4千石だったが、900石しか取れない痩せた農地を、3千石に増やした、この実績が引く手あまたとなったのである。

晩年、金次郎は天保の改革を行っていた幕府に登用され、日光神領の荒地開拓調査にあたった。

ところで二宮尊徳の尊徳である。「そんとく」と呼ばれているが、「たかのり」が本名である。尊徳は亡くなってから与えられた名前である。

以前、小学校にあった二宮金次郎像は現在全国に千くらいあるそうである。

銅像が初めて造られたのは大正時代である。像の原型は、幸田露伴の『報徳記』に基づいて記したという「二宮尊徳翁」の口絵であるという。この口絵が金次郎の「負薪読書」の姿を描

二宮金次郎像

いた最初の絵とされている。

銅像として最初に造ったのは、岡崎雪聲である。大正末期に、愛知県前芝尋常小学校に石像が設置されると、以後建立ブームが起こったといわれる。

国に奉公する国民の育成を進める政策のもと、勤労・勤勉を象徴するモデルとして金次郎が選ばれたが、あの姿は16歳の金次郎だという。戦後になって、本を読みながら歩くのは危険などの指摘もあり、撤去が進んでいる一方、盗難事件も多い。

栃木県真岡市の歴史資料保存館から銅像が窃盗にあった。資源としての銅の価値が高騰しているからである。盗まれた銅は売却され、その価値推定41万円だったそうである。

1円札の二宮尊徳の肖像

20 幕末、上野国（上州）は、なぜ博徒（やくざ）の本場になったのか

幕末、文化・文政の頃から次から次へ外国船が押し寄せた。通商要求する外圧に、幕府は何ら対策を講じず、ただ右往左往するだけであった。

国内では、宝暦5年の大飢饉に続き、明和9年には関東一帯の大洪水に見舞われ、明和9年はメイワクな年だと安永に変えるなど深刻な事態になっていたが、さらに自然災害が襲ったのである。

天明2年、春から夏にかけて大雨が続き、洪水が発生した。続く天明3年には浅間山が大噴火し、「浅間焼け」といわれて利根川筋の村々の2万人余が被害に遭ったのである。

この天明の大飢饉は「卯年の大飢饉」と呼ばれ、数年続くだろうと言われていた。

この頃の気候は、冬に南風が吹いて異常な暖かさで、5月中旬の田植えの頃は冷たい東風（こち）が吹き、霜が降る程の冷害が襲ったのである。

北関東で餓死者が出るほど飢餓が深刻化しても、幕府は救済活動を村役人・地主・商人に肩

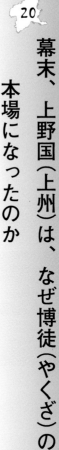

代わりさせようとしていた。

百姓一揆が起き、権力の上層と下層の対決が尖鋭化していったのである。

こうした殺伐とした世相の中で、博徒・無法者が横行するようになった。

上州博徒の元祖といわれるのが田中代八である。旧三国街道にあり、三国街道が高崎から分岐してからも佐渡金山奉行道の宿場として栄えていた駒寄村大久保の出身である。

代八は草相撲の猛者として知られ、200人余りの兄弟分・子分を抱えていた。大前田英五郎も貸元（賭博場）の親方として身内の一人であった。

豪勢な暮らしで知られ、大久保の殿様と呼ばれる程で、大久保に2軒、中山道の板鼻宿に1軒、他に家を3軒持っていたといわれる。代八の本拠地は宿場で、賭博を主な収入源にしていた。

代八逮捕のきっかけは、天明の大飢饉で上野国・下野国・武蔵国・信濃国4カ国にまたがる打ちこわしであった。

勘定奉行は一斉検挙に乗り出し、隠し目付（隠密）を潜入させ逮捕したのである。

代八は厳しい拷問のために足腰が立たなくなり、江戸で死亡した。

上州で一番広い縄張りを持つ博徒と言えば、大前田英五郎であった。

全国に224カ所の縄張りを持ったといわれる。

英五郎が生まれ育った大前田村は七百石の旗本・小笠原氏の領地で、桑畑が多く養蚕が盛んであった。

英五郎は草相撲で大関になるほどの強豪で、剣術も馬庭念流を学んだ。

名主の家柄に生まれた英五郎が、なぜ博徒になったのか。それは生まれつきの性格にあると思われる。

喧嘩っ早く、相手かまわず突っかかっていく「火の玉小僧」の異名があったのである。

15歳の時、弟分を斬る殺人事件を起こし故郷から逃亡。三国峠を越えて越後へと入り出雲崎の親分らにかくまわれた。

1～2年で故郷に帰り、兄の家業を助けながら武術修業に励んだという。

この時期、二足の草鞋を履いたとみられている。玉村宿の角万の主人・佐重郎は目明しで関東御取締出役・中山誠一郎の手先となって働いていた。

関東取締出役は通称八州廻りといわれ、関東八州の相模・武蔵・安房・上総・常陸（但し水戸藩領を除く）上野・下野の博徒や無宿者などの検察、逮捕にあたる役目で、関東一帯を巡回していた。

英五郎は佐重郎の子分となって名を広めたが、賭場仲裁役の親分として有名になった。

上州大前田の出身だが、名古屋を中心に東海道にも勢力を拡大した事でも知られる。

上州の博徒で最も有名なのが国定忠治である。講談や新国劇の芝居、映画、歌謡曲などで盛んに取り上げられた人物だが、講談師・宝井琴凌が江戸時代末期に、国定村で国定忠治の話を聞きつけストーリーを完成させたといわれる。

大正時代、宝井馬琴の講談で国定忠治の名が広まったのである。

忠治は佐位郡国定村の地主・長岡与五左衛門の子に生まれた（長岡家は新田義貞の家臣の流れを汲む家柄で、僭称として苗字を名乗った）。

11歳で父を失い、忠治は17歳で殺人を犯した。すぐさま逃走するが、頼って行ったのが川越に滞在中の大前田英五郎で、忠治はそこに草鞋を脱いだ。

1年余り英五郎の世話になっていたが、百々村（現在の伊勢崎市）の博徒の親分・紋次に預けられた。そこで3年間子分を務めたが、突然親分の紋次が病死。21歳の若さで跡目を継ぐことになった。

若さに任せて縄張りを広げ、25歳で島村伊三郎殺害を企てた。忠治第二の殺人であった。闇討ちに成功すると、忠治は子分らと刀槍・鉄砲の武器を持って信州に逃亡。この時大戸関所を破っている。

ほとぼりが醒めると再び赤城山に籠った。33歳の頃が忠

国定忠治

治の絶頂期で縄張りは広がり、子分は800人にも達したと言われる。
40歳で縄張りを子分の境川安五郎に譲り、41歳で脳溢血で倒れた。
関東取締出役・中山誠一郎率いる捕り方が田部井村の名主・宇右衛門宅に踏み込み、潜んでいた忠治を捕縛した。
忠治は玉村宿から約100キロを、5日かけて唐丸籠で江戸に到着し、勘定奉行所で取り調べを受けた。吟味（取り調べ）は3カ月も続いたという。それだけ罪状が多かったのである。
罪状、島村伊三郎殺害。三室の勘助殺害
縄張り内のいたる所で博打開帳
寺銭の徴収、賭場荒らし
関所破り
道案内に袖の下を贈り、追跡を逃れた
幕府の刑法では、最も重い罪は鉄砲などの武器を持っての関所破りだった。
忠治は磔刑の判決を受け、上州の大戸関所で刑が執行された。
合の川政五郎は邑楽郡大高島村（板倉町）で、高瀬仙右衛門の二男として生まれた。生家は利根川べりの村で、代々回漕問屋をしていた。
政五郎の兄が殺人事件を起こしたが、訴訟となり、裁判が長引いて費用がかさみ破産同様になったといわれる。

家業が傾いたため、政五郎は近くの合の川村の博徒・新八に預けられた。政五郎は生来、向う気が強く、腕力もあって暴れ回っていたそうである。15の歳に、賭場に出入りして大人を相手に賭博をする日々を送っていたが、何を思ったか突然博徒の修行の旅に出たのである。

何年か後、各地に合の川政五郎の名を轟かせたが、40近くになって、生家に戻って没落した生家を立て直した。そして、堅気の生活に戻り8代目を襲名したそうである。

江戸屋虎五郎は邑楽郡館林の百姓・源七の倅であったといわれるが、正確なことは分からない。

館林の香具師・弥七を頼って草鞋を脱いだ後、江戸屋の娘と夫婦となり、江戸屋の跡目を継いだ。

身の丈六尺（180センチ）の大男で、目玉が大きくぎょろりとしているので、目玉の親分といわれ周囲を震え上がらせる程だった。

江戸屋虎五郎となってから、正式に関東取締出役の道案内を務めた。

甲州の吃安が島送りになったが、名主を殺して島抜けに成功し、甲州に舞い戻ったが、誰一人として捕縛できないでいた。虎五郎は甲州に乗り込み、約2年の歳月をかけて捕まえたことで男を上げたといわれる。

上州には、この他にも名立たる博徒がいたが、博徒がはびこったのは何故なのだろうか。

第一に街道の多さがある。上州には9つの街道があり、江戸を囲む関八州の街道には30カ所の関所があったが、上州には15カ所の関所があった。それほど人の往来が激しかったのである。

街道には宿場ができ、旅籠・茶店・飲食店が商売することによって、宿場町として賑わうようになった。宿駅には宿場人足がいたが、雇い主は安い賃銭で雇うので、浮浪者や無宿者、ならず者しか集まらず、宿場町は彼らの溜まり場となった。

また旅の兵法者・樋口太郎兼重の一派が上州に土着して百姓や町人に剣術を教えたことも博徒を増やした一因だというのである。

農村で機を織る女性が一家の稼ぎ頭で、ヒモの亭主が多く、金と時間を持て余した亭主は博打に走った。賭博場に喧嘩は付き物である。負けないために男たちは剣術を学んだというのである。

さらに上州には大きな藩が無く、小さな領土がモザイク状になっており、博徒が犯罪を犯しても逃げやすかったといわれる。

博徒を取り締まる八州廻りの道案内には、博徒が無報酬で使われた。何年か務めると、目明しに採用され、十手を渡されたが、やはり無給であった。その代償に、目明しは領主から巡業の芝居、相撲、見世物の興行権を与えられた。

賭博は厳禁、常習者は遠島の罪だったが、二足の草鞋を履く博徒には効き目があるはずもなかった。

21 廃藩置県で北関東は、すったもんだの末に誕生したが、最ももめた県はどこか

明治新政府が発足した後も、制度や法律は依然として江戸幕府時代のままであった。薩摩、長州の藩主から初めて全藩主に、その領地、領民支配権を朝廷に差し出させる方策を探求するよう、新政府の重鎮木戸孝允と大久保利通に命じた。

参与の板垣退助と大隈重信の同意を得て、藩主を説得。土地人民領有支配権を朝廷に奉還することが出来た。

朝廷は、その功に応じて領地を与えるかの約束か、その印象を与えるかの口説き方をしたと言われる。

ここに版籍奉還が成立したのである。

明治2年に開設された公議所（立法機関）で、「封建」と「郡県」の可否が討論された。

現状維持の「封建」は賛成102藩

政府が直轄する論「郡県論」賛成１０１藩

その他の折衷論は賛成97藩

意見は三分されたが、郡県論は武士階級を存続させ禄を与える。藩知事は藩主に世襲させよという意見が圧倒的であった。

明治2年財政的破産で、自ら廃藩を新政府に願い出る藩が現れた。上州の吉井藩である。政府は許可して藩を廃し県に併合した。

旧藩主には石高の10分の1の家禄を給して東京在住を命じた。

以来、廃藩を願う藩が続出したそうである。

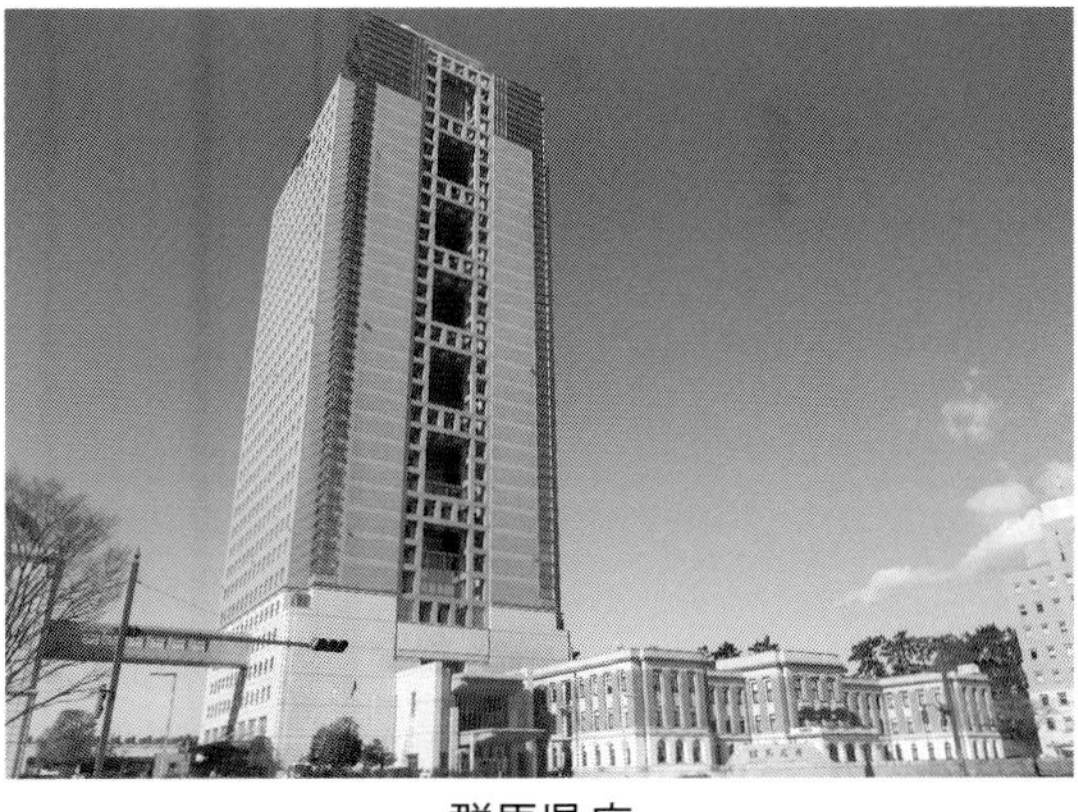
群馬県庁

廃藩の直後、政府は旧藩域を全て県とした。その結果、3府３０２県が誕生したのである。

こうなった原因は、一県の石高が10万石以上になることを標準にしていたからである。

明治4年（１８７１年）廃藩置県が実施されたが、それに先立つ慶応4年に新政府は上野国と武蔵国（東京・埼玉・神奈川）の北部を支配するため、高崎に岩鼻県を設置。明治2年には岩鼻県が吉井藩を併合した。

そして廃藩置県で、前橋藩、高崎藩、沼田藩、安中藩、伊勢崎藩、小幡藩、七日市藩、館林藩がそれぞれ県となり、９つの県が入り乱れる状態になつた。

次に館林県を除く８県が統合されて、第一次群馬県が成立したのである。

館林が除外された理由は、渡良瀬川を挟んだ下野国と繋がりが深いことが考慮されたからであった。新田・山田・邑楽の３郡は栃木県に属するが、栃木県はまだ誕生せず、群馬県が暫定的に管轄した。

明治６年栃木県が成立して、栃木県の管轄となった。

群馬県を統括する県令が、埼玉県川越を中心とした入間県の兼任となり、明治６年には入間県に群馬県が統合されて熊谷県となった。一時的ながら、群馬県は消滅したのである。

しかし、旧県同士の対立が激化し、明治９年に県は再分割され、第二次群馬県が確定した。同時に、栃木県から３郡が復帰し、現在の群馬県となったのである。

栃木県も県の成立まで一筋縄ではいかず、紆余曲折を経ていた。

栃木県庁

慶応４年、下野国の芳賀、河内、都賀、塩谷、那須が新政府に接収された。

真岡県ができ、県庁に定められたのは宇都宮で、庁舎は宇都宮城であった。

明治２年に日光県が誕生し、真岡県を併合した。

廃藩置県で11もの県が置かれ、日光、壬生、吹上、佐野、足利、館林などで栃木県と定められる。この他宇都宮、烏山、大田原、茂木などで宇都宮県が定められ、２つの県が生まれたのである。

茨城県庁

明治６年両県が合併し、栃木県が誕生したのである。だが、合併、編入が続き、今の栃木県の形になったのは、昭和に入ってからである。

茨城県は、県の成立には千葉県との関わりが深いと言われる。

廃藩置県で15の県が誕生したが、すぐに統合が行われた。

水戸県、松岡県、宍戸県、下妻県、下館県、若森県の一部が統合して北部に茨城県誕生。松川県、石岡県、土浦県、志筑県、麻生県、牛久県、龍ヶ崎県、若森県の一部、後に千葉県となる多古県、小見川県、高岡県で、南部に新治県ができた。

西部には、結城県、古河県、若森県の一部と後に千葉県となる県を統合して印旛県が成立したが、明治6年に印旛県は木更津県と合併して千葉県となった。

明治8年新治県が廃止されて、利根川を境に茨城と千葉に分割されるとともに、千葉から猿島、結城、岡田、豊田、葛飾、相馬が茨城に編入され、茨城県の今の形が決定したのである。

こうしてみると、一時消滅してしまった群馬県が最大の犠牲者である。

22 明治初期の群馬が北関東一の教育県だったのは、何故か

明治時代の小学校の多くは寺子屋、私塾、郷学校（藩校の分校や領主・民間の有志が設立。千校にのぼり、茨城県水戸市の延方学校などが有名）が母体となって庶民の教育機関として成立した他、藩校や藩校と同類の武家の教育機関を母体として成立したものである。文部省第三年報によると、明治8年に2万4303の小学校が開設され、192万8152人が入学している。開設された小学校の総数の約40％は寺院を借用。約30％は民家を借用したものであった。このことからも、寺子屋を手本にしていたことが分かる。

小学校の前身で、全国に多数設けられた郷学校だが、当時小学校の呼称は一般的でなく庶民には馴染みの少ない名称であった。士族子弟の初等学校を小学と称した関係で、小学の呼称を避けて郷学校と呼んだのである。

小学校の大部分は1人か2人の教員で、生徒数40～50人を受け持ったといわれる。

明治5年学制が公布された。

フランス式の教育制度を範とし、全国8大学区に分け、32中学区さらに210の小学区として、各学区に一校を設置する計画だったが挫折し、アメリカを範とした教育令に転換したのである。

学齢人員中の就学者の割合は、明治11年の統計によると、首位の大阪は72・58％で、群馬は66・17％で第2位であった。東京は59・53％、千葉は37・89％で、全国平均は41・26％だった。その前年の全国平均は39・9％で、最高は大阪の67・1％。最低は青森の22・6％だったが、東京、長野、石川、岐阜、群馬は55％を超えていた。

一方、30％に満たない県は、鹿児島、和歌山、広島、秋田であった。

明治14年の統計によると、群馬が64・3％で1位となり、2位は大阪で以下滋賀、長野、岐阜、愛知の順であった。

明治16年は長野が71・5％でトップ、群馬は68・6％で2位。以下滋賀、岐阜、愛知、大阪の順であった。

中部地方の県が多いのに気付いたと思うが、繊維産業が盛んになり、経済的余裕がある人が増えたためである。

北関東に目を向けると、栃木県の就学者の割合は、明治14年で45・7％、茨城県は40・4％。明治16年は栃木県が52・2％で、茨城県は44％であった。これを見ても群馬県が全国に名立たる教育県だったことが分かるであろう。

明治20年代になると、就学児童数は上昇した。20年5万7千人余り、22年7万4千人余り、24年7万9千人余り、26年9万3千人余りとなり、授業料が無償化されると、就学率は全国平均81・5％となったが、明治20年、月謝を15銭徴収するようになると、今の価値で1300円は庶民には痛く、「金がかかる、家事の手伝いをさせられない」と子供の就学に二の足を踏んだ。

これに対し、国や県は「子供を学校にやると金儲けが上手くなる」などの甘い言葉でPRした。

群馬は明治初期から教育県として有名だったことを示すエピソードがある。

前橋中学で学び、後に総理大臣となった鈴木貫太郎は千葉県関宿藩士の家に生まれた。なのに、何故群馬に移って来たか。こう記している。

父は群馬県庁に奉職するため、四男四女の子を連れ前橋に移って来たのは、明治10年。第17番中学利根川学校創設の年である。

父の赴任の理由は、千葉・群馬の両方から招かれていたが、群馬の方が教育が進歩しており、評判も高かった。

子供の教育のためと思い、群馬県庁に奉職する決心をし、前橋に転居したという。

太平洋戦争終戦時の総理大臣　鈴木貫太郎

23

名産品の意外な事実
群馬名物のこんにゃくは茨城からのパクリ!?

「ねぎとこんにゃく下仁田名産」といわれる群馬の代表的な農産物だが、今のようなこんにゃくの粉（精粉）は必要な時に水を加えれば糊のようになり、こんにゃくが作れる。現在ではこの方法が一般的に用いられているが、この製法を考案したのが常陸国久慈郡諸沢村の百姓であった。

上野国の行商人がこの製法を下仁田に持ち帰ったのが明治9年のことで、ここから群馬のこんにゃくが発展したのである。

こんにゃくは平安時代以前に、唐時代の中国から伝わったといわれる。鎌倉時代、禅宗寺院で点心（昼食）に供された物は、こんにゃくを垂れ味噌で煮たものであり、精進料理の材料として普及したこんにゃくは、球茎を搗き砕いて餅とし、濃い灰汁に石灰を加えて煮て固めたものであった。

江戸時代中期に至って現在のような粉こんにゃくの製法が開発されたのである。

常陸国久慈郡諸沢村の百姓・藤右衛門は、腐敗しにくく長期保存できるこんにゃくの改良策を考えていたが、安永5年蒟蒻芋を輪切りにして乾燥させ、砕いて粉末にする方法を考案した。

これを機に、販路は拡大して諸沢村は全国のこんにゃく産地の中心となったのである。

水戸藩では袋田村（大子町）に蒟蒻会所を置き、江戸深川に問屋を設けて、こんにゃくの荒粉を全国に販売するようになった。

現在、蒟蒻芋の約95％は群馬県産で、内50％が下仁田といわれるが、この地に新しい製法が伝わったのは明治9年のことである。上州名産の砥石の行商で久慈郡の村々を訪れていた篠原粂吉が、諸沢村のこんにゃく製粉での繁盛ぶりに驚いて故郷へと帰った。粂吉は下仁田在の尾沢村（南牧村）で、水車を利用した製粉を始め、成功を収めると、次第にこんにゃく栽培が広がったのである。

凍こんにゃくは全国で茨城県久慈郡水府村だけが作っている特産品である。薄切りにして寒夜に凍らせたもので、今から220年程前に始まったといわれている。

こんにゃく

ところで、栃木県が特産地として名高いかんぴょうだが、ウリ科の植物であるユウガオの果肉を細長く皮をむくように切り、乾燥した食品である。もとは、大阪の木津が産地であったので「きづ」ともいう。

かんぴょうは栃木産ではなかった。18世紀初頭、滋賀県の近江水口藩の藩主・鳥居忠英が、下野国の壬生藩3万石に転封となった際に、水口かんぴょうを持参したのが特産品になったきっかけといわれる。

24 栃木県と群馬県、どっちが雷が多いか

群馬の上毛かるたでは、「雷と空風義理人情」という読み札がある。それほど雷が多いという証拠である。

一方、栃木県の宇都宮は「雷都」（ライト）と呼ばれ、それを商標にした菓子もあるほどである。一体どちらに雷が多いのか、北関東の隣合せの県は何故雷が頻繁に発生するのだろうか。

雷は気象庁では「電光が見え、雷鳴が聞こえる天気状態。遠方の雷は、電光が見えても雷鳴は聞こえない」としている。そこで気象庁は雷の天気状態を、このように規定しているのである。

雷は強い上昇気流によって発生した積乱雲に伴って起こるが、北関東特有の地形のために、夏の時期、積乱雲が発生しやすいといわれる。北部から西部にかけて標高2千メートル級の山が連なる山岳地帯で、西部は平らな関東平野が広がっている地形である。

夏には、太平洋からの湿った暖かい風が南東方向から北西方向の山岳地帯に向かって吹くが、

山が壁となって暖かい空気がぶつかり、気温上昇。暖かい湿気の多い空気は上昇気流にのって山岳地帯の上空に向かい、標高の高い所の冷たい空気がぶつかり合つて、積乱雲（雷雲）は発生するのである。

雷のエネルギーは約5万アンペアあるといわれ、60ワットの電球を約8万個灯せるという。一つの雷雲の継続時間は約2～3時間が普通で、雷雲の移動は毎時数十キロメートルであるといわれる。

雷が鳴り響く雷鳴は雷放電があると放電路上の空気が急激に熱せられるため、物凄い破裂音を生ずる「ゴロゴロ」だが、音速が毎秒340メートルなので、電光と雷鳴のずれから落雷地点までの距離がわかる。人が雷鳴の聞こえる範囲は約20キロメートルである。

雷に打たれて死ぬ人は、日本では平均して毎年30人ほどで、アメリカでは150人近くだという。死因は呼吸器系と心臓麻痺によるもので、早期の人工呼吸と心臓マッサージで、多くの場合蘇生するといわれる。

この恐ろしい雷の発生日数は、全国1位が石川県で42・4日、2位が福井県、以下新潟県、

雷電神社

富山県、秋田県と5位までが日本海側の県である。栃木県は全国10位にすぎないのである。冬の雷は夏の雷よりも1回の放電で出される電気量も電流も大きいので、北陸では「一発雷」といわれ恐れられているのである。

一方、夏の雷発生日数は栃木県が24・8日で1位である。2位は群馬県の20・4日、茨城県は16・7日だった。

雷はもともと農耕生活に縁が深かったのである。電光をイナズマと呼ぶのは、「稲の夫(つま)」の意味であろうと言われている。

雷を除ける呪いとしては、蚊帳に入るとか、線香を立てるとか、草鞋を片足作ってそれを捨てるとかしていたが、「桑原、桑原」を唱える方法もあった。

雷鳴の時、落雷を避けるのに唱える俗信で、雷神になった菅原道真が、菅原家所領の桑原という土地を避けて通ったからといわれる。

雷神社は栃木県内に30以上あるといわれる。群馬県にも雷電神社が各地にある。

稲の結実期に雷が多く、稲妻が光るが、雷光が稲を実らせる信仰があった。

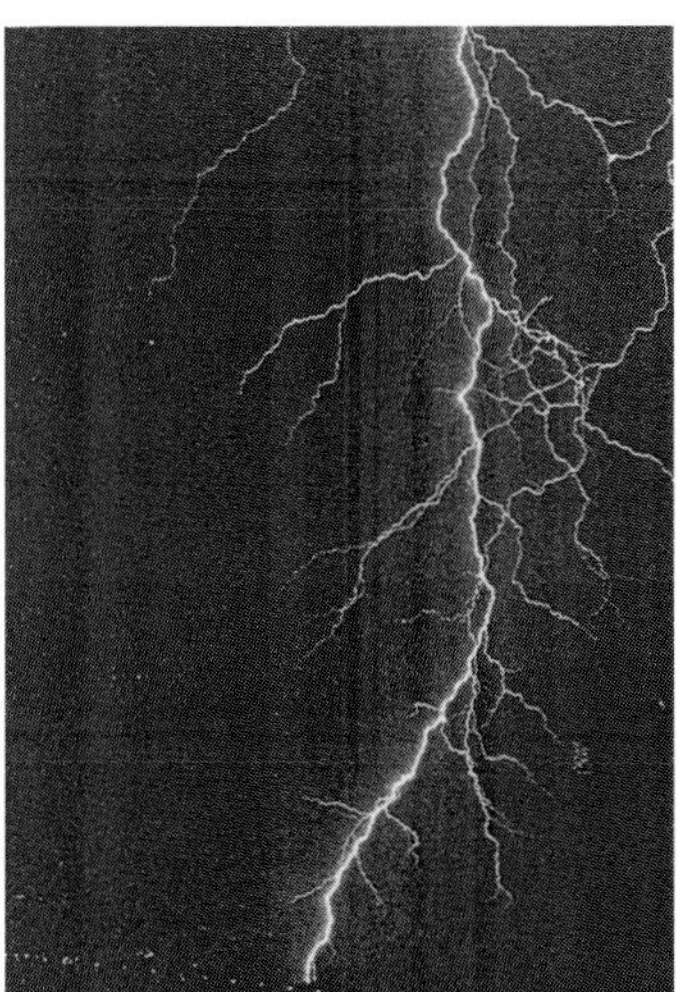

雷

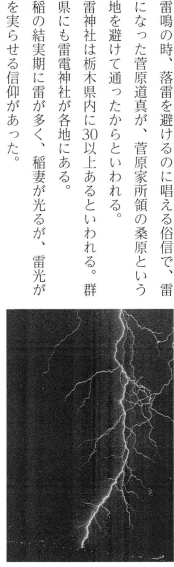

稲の肥料の三要素、窒素、リン酸、カリの内、窒素が雷によって田んぼにもたらされて収穫が増えるのだそうである。

漢字の雷に田が使われているのは、そのせいなのだろうか。

25

高校野球王国・北関東の歴史 一番強かったのはどの県か

日本人が一番好きなスポーツのひとつが野球である。

１８４５年ニューヨーク市のニッカポッカ倶楽部によって創られたベースボールは、１８７３年（明治６年）に日本に伝わった。

俳人の正岡子規が野球と訳したといわれる。

群馬県の前橋中学の野球部は明治27年に誕生したといわれる。野球部と言ってもミットやスパイクなどの用具がある訳でなく、試合も時々師範学校と前橋公園のグラウンドで行う程度であった。

栃木県では、明治29年宇都宮中学に野球部が誕生した。

茨城県でも同じ頃水戸中学で野球部が創部した。この水戸中学と宇都宮中学が、明治29年に水戸市内の広場で試合を行った。

この対戦が中学の学校対抗試合として、日本で最も古い試合の記録で残っている。

試合は31対15で水戸中学が勝利したが、その後も明治30、31、39年と対抗戦が行われたそうである。

明治時代の中等学校野球（現在の高校野球）は、茨城県が圧倒的に強かった。竜ヶ崎中学の存在があったからである。

1902年（明治35年）の開校と同時に、野球部が創部。茨城県は1916年の第2回全国中学校野球大会から地方予選に参加するようになったが、竜ヶ崎中学はメキメキ実力をつけ第4回大会から5連覇し、全国大会出場を決めた。

この第4回大会に栃木県の真岡中学が栃木県から初めて出場したが、茨城県勢にあえなく敗退した。予選の関東大会で竜ヶ崎中学が優勝し、全国大会の出場が決定したが、米騒動のため大会は中止された。

2年後の大正9年の関東大会に宇都宮中学が出場し千葉中学に勝ち、栃木県の予選初勝利となった。

大正12年、宇都宮商業が全国大会に栃木県史上初の出場を果たした。初参加で監督もいないという異色のチームであった。

大正13年、甲子園が開設された第10回大会に出場した宇都宮中学は、佐賀中学に勝ち、甲子園初勝利を飾った。

群馬では、いち早く野球を取り入れた前橋中学だったが、大正2年から7年まで在職した成富校長がスポーツの対外試合を禁止していた。しかし、新しい桜田校長が富山中学から着任すると、多くのスポーツの対外試合が再開された。ここから群馬の中等学校野球の歴史が始まったと言える。大正9年、前橋中学は関東大会に出場し、決勝で竜ヶ崎中学に敗れた。そして大会出場6年目の大正14年に準決勝で宇都宮中学を破り、決勝で水戸商業に勝ち、甲子園の切符を入手したのである。

それまで茨城県の竜ヶ崎中学、栃木県の宇都宮中学に独占されていた全国大会出場の壁を破ったのである。

大正15年から関東大会は南北2つのブロックに分割された。群馬・栃木・埼玉は北関東で、茨城・千葉は南関東と決められた。

北関東大会は昭和元年から52年まで行われたが、34年には茨城が東関東大会に移転。49年まで北関東大会は群馬・栃木の2県のみとなった。

昭和50年、栃木が1県1代表制となり、埼玉も1県1代表制となり、西関東大会に参加して

甲子園球場

いた山梨が北関東大会に出場することになって、群馬と山梨が対決することとなった。53年から47都道府県に代表校が認められるようになったのである。

北関東代表として甲子園出場回数を見てみると、群馬県勢25回、栃木県勢12回、茨城県勢4回、山梨県勢2回である。

茨城県の甲子園の通算成績は、敗戦が100敗を越し、勝率46・8%だが、優勝回数3回、準優勝3回を誇る。

栃木県も春夏の優勝回数3回である。

群馬県も春夏の優勝回数が3回である。

26

北関東の家電量販店の販売戦争
覇権争いの勝者は？

１９６０年後半、高度経済成長で自動車が急速に普及し、人々の生活の中で広範に利用されるモータリゼーション時代が到来した。

１９６９年（昭和44年）に玉川高島屋ショッピングセンターが東京・世田谷区二子玉川にオープンしたのが、郊外の小売り販売店のはしりであった。

１９７０年代、無料駐車場完備を売り物にしたファミリーレストランやホームセンターが次々に造られた。都市部の郊外と言えば、何もない所とされていたが、郊外は人口急増地帯であり車社会の到来で街道沿いにあるロードサイド店舗はビジネスチャンスが拡大するといわれるようになったのである。

北関東は公共交通機関の便が悪く、車に頼らざるをえない土地であった。

その頃、家電の安値販売と言えば、東京・秋葉原であったが、水戸・宇都宮・前橋ともに電車で約2時間かかったので、電車賃や送料を考えると買物に行くメリットは小さかった。さらに家電は各店横並びの値段をつける古い業界だったので、わざわざ秋葉原に出かける足が遠のいたのである。

北関東の家電量販店の覇権争いは、1970年代に始まった。

1973年（昭和48年）日本ビクターを退社した山田昇が、前橋市総社町に電器店を個人で創業したのがヤマダデンキのスタートである。店はわずか8坪だったという。

10年後に旧株式会社ヤマダ電機設立。平成元年には株式をジャスダックに店頭公開した。平成8年インターネットプロバイダ事業開始。そして平成11年に京都の1号店出店を機に、全国の店舗展開を本格化させた。

平成20年、本社を前橋から高崎の駅東口に移転。更なる拡大を目指したのである。

2010年(平成22年)ヤマダデンキは売上2兆円を突破した。家電量販店では日本初であった。目覚ましい成長の裏には大規模小売店舗法の規制緩和があった。昭和49年の大店法の規制緩和は地元商店街との調整が目的だったが、アメリカが規制緩和を求め、店舗面積500㎡の制限を撤廃するよう圧力をかけた。平成6年、1000㎡未満まで自由になったが、平成12年に

ヤマダデンキ

大店法は廃止された。
ヤマダデンキは全国に大型店舗を出すチャンス到来とばかりに、3000㎡以上の店舗出店を続けた。
その一方で、住宅会社を子会社化したり、大手家具会社を子会社化するなど規模を拡大したさせている。
最近の売上高ランキングを見てみると、
1位　ヤマダデンキ　2位　ビックカメラ
3位　ヨドバシカメラ　4位　ケーズデンキ
5位　エディオン
コジマは2012年（平成24年）に売上高7位に低迷した。ビックカメラと業務資本提携し、子会社になった。
コジマは宇都宮市に本社があった。
1955年（昭和30年）小島勝平が個人商店の小島電気商会を創業したのに始まる。
昭和38年に株式会社小島電機を設立。後に通称、略称のコジマを社名に取り入れた。

コジマ

コジマは70年代宇都宮市の郊外に駐車場つき店舗を出店したのが功を奏し、客が増えるとともに商品を車で持ち帰るので、配送コストが削減され増収増益につながった。

コジマはいち早くケーズデンキの地元茨城県に進出。家電量販店の戦争が水戸から始まったのである。

コジマは「安値日本一」を旗印に安値攻勢をかけ、出店ラッシュに奔走。平成9年には広島のベスト電器を抜いて、売り上げ日本一になったこともあったが、メイン銀行の足利銀行の経営破綻に見舞われ沈んだのである。

ケーズデンキは水戸市に本社がある。

1947年（昭和22年）創立者の加藤馨が加藤電機商会として、ラジオ販売、修理業を開始したのがスタートである。

昭和48年に株式会社カトーデンキに商号変更し、次に家電小売業のカトーデンキ販売を設立。カトーデンキは不動産賃貸業となったが、カトーデンキ販売がカトーデンキを吸収合併。

各地の家電小売店を子会社化した。

ケーズデンキ

ケーズデンキは70年代に基盤を築いた。ｐｏＳシステムの導入、ローコスト経営の実現の他、ポイントカード制を導入せず、レジで代金を安くする戦略をとっている。

ビックカメラは１９６８年（昭和43年）に新井隆司が高崎市で創業した株式会社高崎ＤＰセンターからスタートした。

昭和53年ビックカメラに商号変更するとともに東京・池袋駅北口に支店を出店。東京進出を果たしたのである。

当初、カメラ専門の安売り店であったが、パソコン・家電の販売に参入し、成功するや酒類、ゴルフクラブ、家具、高級ブランド品の販売などに手を広げた。

さらに中古パソコンの買い取りに高いノウハウを持つソフマップを連結子会社化した。

ビックカメラはレールサイド戦略で駅前の出店が多いのが特徴である。

１９９０年代以降、バブル崩壊、地価下落などがあったが、コンビニ、レンタルビデオ、各種の量販店、家具店、ホームセンター、靴店などの出店攻勢は一巡した。

家電量販店の未来はどうなるのだろうか。

ビックカメラ

27

北関東の大動脈、国道354号線（高崎～鉾田）は近未来の日本！　多国籍人とエスニック料理天国

北関東の群馬・栃木・茨城を結ぶ道路は3つある。最初に開通したのが国道50号線である。総延長150キロメートル余りで、1953年（昭和28年）二級国道122号線（前橋～水戸）が開通したが、10年後に沿線は北関東3県の人口密度が高く経済発展に寄与するという見通しから一級国道になったのである。しかし、片側一車線が多く交通渋滞に悩まされた。そこで登場したのが国道354号線である。総延長200キロメートル近くあり、高崎～鉾田を結んでいる道路で、1975年（昭和50年）一級国道に指定された。開通から50年近く経ち、今やエスニック料理街道とも呼ばれる存在である。

なぜそう呼ばれるようになったのか。

謎を探っていく。

その前に3番目の道路であるが、北関東自動車道は高崎ジャンクションから栃木県の東北自動車道を経由し、水戸南インターチェンジ、ひたちなか市に至る総延長約150キロメートル

の高速道路である。

２０１１年（平成23年）に全開通したが、その意義は「茨城港と直結して東京湾内諸港の機能分担と首都圏物流の円滑化を図ることにより、北関東地域の振興、発展に極めて重要な役割を果たす」とのことである。

国道50号線と３５４号線の沿線は、北関東３県の人口密度が高い地域だが、車窓からの眺めは、ここは日本なのかと思うほど、地域ごとに異国情緒溢れる街の一角があるのである。

群馬県の太田市・大泉町のブラジル人街、館林市のロヒンギャ難民、栃木県小山市のパキスタン人の中古車ビジネス、茨城県境町のインド人、坂東市・土浦市のタイ人、鉾田市のベトナム人、インドネシア人などが集団となって暮らしているのである。

異国で暮らす彼らにとって、最も重要なのは食材の店とレストランと生活に密着した教会、寺院、モスクである。

それらは北関東各地に30カ所以上あるといわれる。

外国人の割合が最も高いといわれる群馬県伊勢崎市の人口約20万人の内、1万4千人ほどが外国人で国籍は50、60カ国に及ぶのではないかといわれている。

この伊勢崎で、以前はブラジル、タイのレストランが多かったが、今はベトナムやインド・ネパールのレストランが増えている。特にベトナムの店の増加には目を見張る程だ。

ベトナム料理は中国とフランスの影響を受けているせいか、日本人には親しみやすい味である。

フォー（麺）、ゴイガー（サラダ）、生春巻、バインセオ（ベトナム風お好み焼き）、バインミー、チャーガーなどがあるが、ベトナム人は高菜の発酵漬が大好きなのだそうだ。

伊勢崎にはペルー料理店も多い。

かって日系2世、3世として働きに来日した人たちが多かったが、その子供たちは日本生まれである。

ペルー料理は、インカ帝国とスペイン料理、中国、日本からの移民にもたらされた料理のミックスである。

ジャガイモ、トウモロコシの原産地だけに、それらを使った料理が有名だが、カラプルクラ（ジャガイモと豚肉の煮込み）、パパ・ア・ラ・ワンカイーナ（ジャガイモのチーズソース和え）、セビチェデペスカド（マグロの辛口マリネサラダ）、ロモサルタード（牛肉料理）などがある。

太田市・大泉町はブラジル料理店が軒を連ね、地元の人のみならず遠方から食べにくる人が多いという。

まず第一に挙げられる名物は、シュラスコである。牛肉や羊肉を鉄串に刺して焼くのは日本人にもお馴染みになった。

ほかに国民食といわれるフェイジョアーダ、コシーニャ（鶏肉、チーズ、ジャガイモでコロッケ風にしたもの）、カンジャ（鳥雑炊、トマトベースのチキンスープの中にご飯も具として入れる）などがある。

栃木県小山市には、なぜかパキスタン人が多い。彼らが集まればパキスタン料理の宴会である。

ニハリはマトンをスパイスで煮込んだスープである。

マトン・プラオは炊き込みご飯。

アルパラクはほうれん草とジャガイモのカレー。ハンデイは壺に鶏肉と野菜を入れてスパイスで煮込んだものである。

この他茨城県は多国籍の人が住んでいるので、料理にお国柄がでている。

フィリピン料理のレチョン（豚の丸焼き）

シニガン（酸味のあるスープ）

アドボ（鶏肉の煮込み）

インドネシアの料理はテンペがある。

大豆を発酵させて固めた伝統食品で、インドネシアの納豆と呼ばれる。

パッソは肉団子の入ったスープ。

サテは鶏肉の串焼きである。日本の焼き鳥を想像すれば形も味も分かると思う。
昔は手に入らなかった食材も、今は宅配便で届くので楽だという。
国道３５４号線は知る人ぞ知るエスニック料理の天国なのである。

28
北関東の農業特産品と郷土料理一番不人気は何か

北関東3県は、近くに東京・横浜の巨大消費地があるため、一大農産地として知られる。葉物野菜や根菜類の出荷の他、ブランド化した野菜の産地でも有名である。

茨城県のレンコンは年間約3万トンを出荷し、日本の9割を占める断トツの1位である。栃木県のかんぴょうは年間２６０トンほどを出荷しているが、出荷量の98%を占める1位である。

群馬県のコンニャク芋は約６万トンが出荷され、95%のシェアで1位である。

茨城県では、レンコンは土浦市などの霞ヶ浦周辺で栽培されている。栽培には古くは池や沼を利用していたが、水田でも行われるようになった。

土壌が肥え、水温が高いことが栽培に適しているとされ、日本一の生産量を誇る。

納豆

レンコンは地下茎（蓮根）を食べるが、根茎は泥中を横にはうため、蓮根の堀り取りは秋から冬にかけて行う重労働の作業である。

レンコンを使った料理は煮物、炒め物、揚げ物、寿司の具、辛子漬、福神漬けの材料の一つなどである。

栃木県のかんぴょうは、ウリ科の植物であるユウガオを乾燥させた食品である。

栃木ではユウガオの果実をふくべとも呼んでいる。収穫は7～9月の夏季で、果実を幅3センチ、厚さ3ミリぐらいの細長い紐状に削り、日干しまたは火力乾燥させたものが、食品となる。

かんぴょうの料理は、含め煮、汁の実、和え物、五目寿司や巻き寿司の具、いなり寿司や昆布巻きの帯などに使われる。

群馬県のこんにゃく芋は、東南アジアやアフリカなどの熱帯性の植物だが、縄文時代に伝えられたとされている。

鎌倉時代には、薬として使用された他、高級食品として僧侶や貴族たちの間でしか普及せず、江戸時代に入ってから食膳にのぼるようになったという。

かんぴょう

こんにゃく芋は室町時代に紀州から群馬に持ち込まれた。下仁田でこんにゃくが盛んに栽培されたのは、こんにゃくは極端に寒い所や強い日差しを嫌い、畑は水はけの良い所で山の斜面が利用出来たからといわれる。

こんにゃくの料理は、白和え、鍋料理、汁の実、おでん、田楽、煮しめ、たぬき汁（ごま油で炒めた汁）、すっぽん煮（油で炒めネギ、ゴボウと煮たもの）など。

最近、こんにゃくがダイエット食品として注目を浴びているのはご存知の通りである。

次に北関東の名物の食べ物を挙げると、最も有名なのは茨城県の納豆である。

水戸市は納豆の生産量日本一といわれる。その歴史は平安時代、源義家が蝦夷との戦いで陸奥の国に向かう途中、馬の飼料として使われていた大豆が不足した。急ぎのことで、頼まれた農家が煮た大豆をよく冷まさず熱いまま俵に詰めて差し出した。数日後、煮豆は糸を引くようになったという。

自然に発酵した大豆が美味だったので、義家に献上する

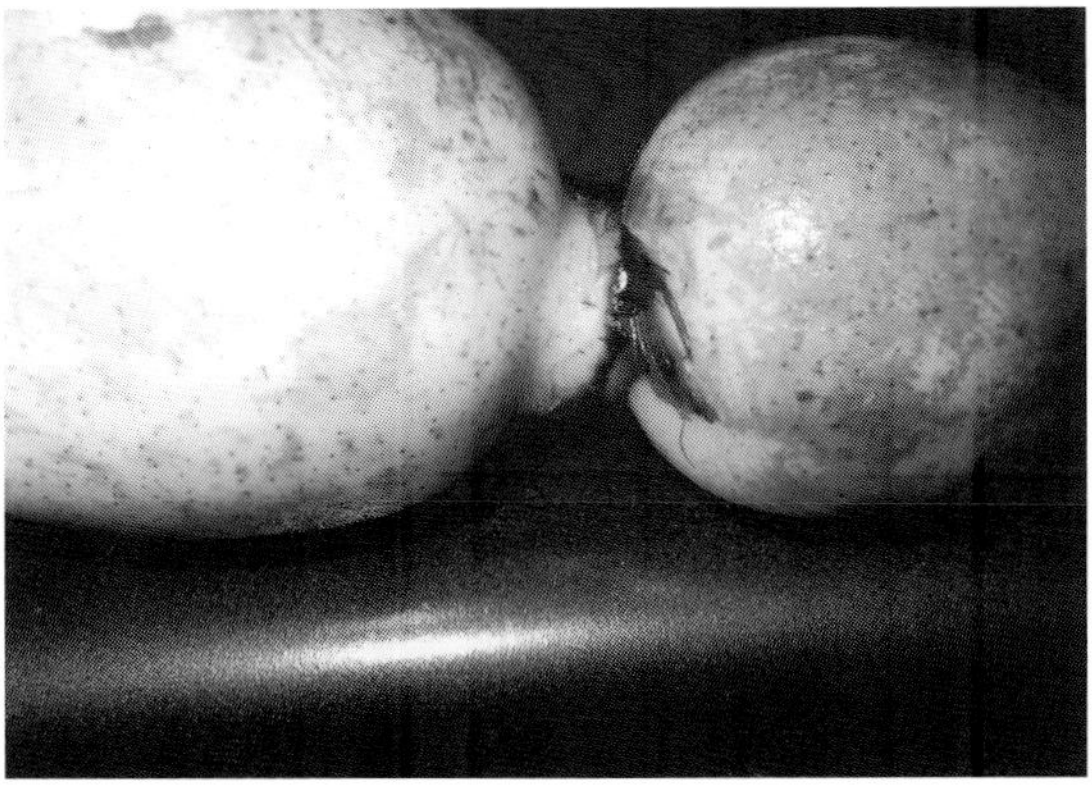

ハス（レンコン）

と喜ばれて、兵士たちの食料になった。以来、将軍に納めた豆という意味で納豆と名付けられたという説がある（由来は諸説ある）。

一般庶民が納豆を食べるようになったのは江戸時代からで、醤油が安く入手できてからだという。納豆は冬の食べ物で、江戸時代中期から納豆売りが現れた。ざるに藁を敷き、その上に大豆を発酵させた「ざる納豆」だった。ご飯、納豆、味噌汁の朝食の定番ができたのである。

水戸納豆が、なぜ名産品になったか。

始まりは、天狗納豆の創始者、笹沼清左衛門の思いつきである。古文書に「江戸では糸引き納豆を好んで食べる」という一文があるのに注目。納豆の商品化を思いついたのだ。明治17年から製造に取り掛かり、22年にJR水戸線が開通し水戸駅ができた。そこで創始者は水戸駅前で、納豆を少年に販売させたのである。これが人気となり、水戸納豆は一気に広まった。

茨城県の郷土料理と言えば、納豆を使った料理が多い。そぼろ納豆は、納豆の中に切り干し

しもつかれ

大根を入れ、醬油で味付けたものである。他にとき納豆、にら納豆、菊納豆、干し納豆などがある。

群馬県は昔から良質の小麦粉の産地として知られ、粉もんの食べ物が豊富なことで知られている。

郷土料理は「おっ切り込み」が代表的で、「つみっこ」は小麦だんごの野菜汁。つもっこ、にぎっこ、とっちゃなげ汁とも呼ばれている。他には、粉もんで焼きぴん、焼きもち、焼きまんじゅうも知られている。

栃木県の代表的な郷土料理といえば、「しもつかれ」である。

この料理の材料は、塩鮭の頭と大豆、大根、人参に酒粕と油揚げで、大鍋で煮込んだものである。しもつかれの調理に欠かせないのが大根と人参を「鬼おろし」と呼ばれるおろし器ですりおろす作業である。

「鬼おろし」は竹製で三角形の突起が並んだおろし器である。

5時間ほど煮込んだしもつかれはドロドロしたごった煮で、見た目は決して良くないが、寒い冬には体が温まる料理である。

2月の初午の日に作り、赤飯と一緒にしもつかれを稲荷神社に供える習わしは、江戸時代末期から始まったといわれる。

冬は野菜の収穫もなく、食糧事情が厳しかった時に、しもつかれを各家庭が交換しあったので、「七軒の家からしもつかれを貰って食べると中風にならない」と伝えられている。

味や香りが独特で、好みが極端にわかれるが、あなたは……。

29

増え続ける外国人住民 なぜ北関東に集まって来るのか

北関東に外国人が定住するようになったのは、茨城県土浦市の荒川沖が最初だった。農家のような一軒家でタイの女性を働かせ、酒の相手と宿泊して性のサービスを行う風俗であった。

ゴルフ帰りや過剰なサービスの噂を聞きつけた東京の客で賑わったという。

この種の店が200~300軒集まったといわれ、荒川沖はリトルバンコクと呼ばれたそうである。しかし、違法営業が警察の知るところとなり、1995年取り締まりが強化され、一斉摘発となった。リトルバンコクは消滅したのである。

1980年代後半、バブル経済で人手不足が深刻となり、政府は政策転換を迫られた。それまで移民につながるのを懸念し、単純労働者の受け入れに慎重だったが、出入国管理及び難民認定法、いわゆる入管法を改正したのである。

その頃、ビザなしイラン人やパキスタン人が急増し、やがて不法滞在者や失踪者になっていったのである。

入管法によって、南米の日系2世・3世とその配偶者に定住者という在留資格（ビザ）が与えられ、就労が許可された。太田市と大泉町には、スバルとパナソニックの工場があり、周辺に中小の下請け企業が集まっていたので、ブラジルやペルーの日系人が急増したのである。それに伴い入管法の影響で南アジア、中東系の人々は姿を消した。

太田市・大泉町は次第に「リトルブラジル」あるいはサンバの町として知られるようになったのである。

ブラジルスーパーのＴＡＫＡＲＡができると買物以外にも情報交換や集いの場として、ランドマーク的存在になった。

このスーパーは伊勢崎市にも進出。南米人にとってなくてはならない存在である。

２０００年代になると、厚生労働省によると、外国人労働者は１８０万人余りだったが、技能実習生は34万人余りと急増した。

当初、中国人の技能実習生が多かったが、今はベトナム人が最多で約18万人いるのではないかといわれている。

ブラジルスーパー

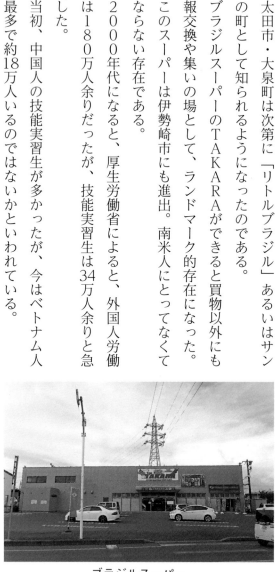

技能実習の職種は製造業で建設関係が最も多く、食品製造、機械・金属関係などである。北関東では慢性的に人手不足に悩む農業も受け入れが多い。

群馬県で最も多く外国人が在住する伊勢崎市には大小の工場が多いが、3K（きつい、汚い、危険）の肉体労働が多く、日本人に敬遠される職種で外国人が頼みの綱になり、大きな戦力なのである。

伊勢崎にはペヤングや山崎製パンを始め、食品工場、惣菜工場が多い。スーパーやコンビニに納入する惣菜工場は深夜の労働がメインである。彼らは派遣会社の従業員で朝と晩に最寄りの駅で送迎されている。

日本人と結婚したフィリピン人女性や家計の手助けにとネパール人女性などが働きに出ているのである。

群馬にイスラム教徒は8500人在住しているといわれる。

彼らが毎週金曜日に集まるのが伊勢崎モスクである。日本各地に100以上のモスクがあるといわれるが、栃木県や埼玉県など周辺からもやって来るほど有名である。

パキスタン、バングラデシュ、マレーシア、アフガニスタン、インドネシアと国籍は様々だが、一緒に祈りを捧げ、その後一同で食事をするのである。

同じイスラム教徒でもミャンマーのロヒンギャ難民の場合は事情が違う。約200万人の難民がいたが、半数以上がミャンマーを追われ、日本には300人ほどが逃げて来た。その大半が館林市で暮らしている。

彼らがどんな仕事をし、収入を得ているかというと、パキスタン人の助けで中古車販売を行っているのである。同じイスラム教徒のよしみなのだろうか。

栃木県小山市には、なぜかパキスタン人が多い。日本に約1万9千人余りいるといわれるが、7300人ほどが北関東に居住しているといわれている。その中心が小山市なのである。パキスタン人は中古車ビジネスに精通し、一大マーケットとなっている。

乗用車、トラック、二輪草、建設機械などを扱い、海外のバイヤーも集めたオークションは規模の大きさで、マスコミに取り上げられるほどである。

オークションで動く金も数十億を超えるほどだそうだ。

オークション会場にもなる巨大な敷地は、パキスタン人の溜まり場であり、飲食の場ともなっている。

伊勢崎にあるモスク

茨城県は、あたかも人種のるつぼの感がある。かって古河市はフラップタウンと呼ばれ様々な国の女性を集めた風俗街があった。

ところが風俗街は２０００年代半ばに忽然と姿を消した。ぼったくりが横行し一斉摘発で壊滅したのである。

これで外国人が減少すると思いきや、逆に増加したのである。しかも他の県では見られない寺院やモスクが多数存在するのである。

インド人で頭にターバンを巻いているのはシーク教徒だが、ヒンズー教徒の多いインドでは迫害されているという。そのシーク教徒の寺院が茨城県境町に存在するのである。

当然、そこではインド・パンジャム州の料理「ダールッサラーム・マスジット」が食べられている。

またイスラム教にはスンニ派とシーア派があり、９割がスンニ派といわれるが、茨城県にはシーア派のモスクがあるのである。

さらにタイの寺院、スリランカの寺院、インドのヒンズー教の寺院もある。

北関東には、寺院や教会、モスクが30カ所以上あるといわれるが、茨城県に各国の宗教施設があるということは、在住の外国人が多国籍であることを示している。

群馬県の外国人が圧倒的に製造業の派遣労働が多いのに対し、茨城県の外国人は農園で働く技術実習生が多い。かつては中国人がメインだったが、いまはベトナム人とインドネシア人が主力だという。

茨城県の農家数は約7万戸、長野県に次いで2位、耕地面積は16万余ヘクタールで、北海道、新潟県に次ぐ3位という農業県である。御多分に洩れず少子高齢化で、かなりの部分で外国人が農業を支えているといわれている。

茨城県では、外国人が営む畑の多さに驚く人も多い。タイ人、ラオス人、インド人、中国人、ベトナム人、スリランカ人、インドネシア人…。

茨城県には約1万5千人の技能実習生がいるといわれる。

技能実習生は原則として転職が出来ない。賃金未払いや不法な残業、住居、違法な解雇などの労働問題があっても弱い立場にあったと報道されている。そのために、職場から失踪する実習生はあとを断たず、年間失踪者は数千人におよぶという。ベトナム人は逃亡実習生を「ボドイ」（兵士）と呼ぶそうである。

ベトナム人コミュニティーが彼らを匿い守るのだとか。

逃亡実習生の合言葉があると話を聞いたことがある。

「失踪したら○○市に行け」

パキスタン人の経営する中古車店

不法滞在者は、実は農家にとって有り難い存在だと思う人も少なからずいるという話を聞く。猫の手も借りたい忙しい時に、収穫、梱包、荷運びなど文句も言わず働き、暇になればいつでも解雇できるからである。

国道354号線の沿線に、なぜ外国人が多いのか。この問いにあるベトナム人が答えた。「仕事があるからだよ」「それと田畑がある風景が故郷にいるみたいで安心するんだ」

いまボドイの存在、増加が問題となっている。刑法犯が激増しているのである。

群馬県警によると、2022年に摘発した来日外国人は338人。全摘発者の10・2%を占め、その割合は4年連続で全国最高だった。国籍別はベトナムが最多の162人。約半分がベトナム人の犯罪ということになる。

政府は熟練外国人労働者として永住や家族帯同を認める在留資格「特定非営利活動法人技能2号」の受け入れ対象を大幅に拡大するとした。しかし、特定技能2号の受け入れは、これまで僅か10人である。

2070年に日本の人口は8700万人になると予測されている。人口減少で人手不足は目に見えているが、日本の難民認定基準では、認定率は0・7%である。先進国の20~60%に比べて驚くべき低さである。

日本の政治家は未来の問題をどう考えているのであろうか。

30

北関東には美人がいないのか
群馬は「不美人」の日本一の産地？

美は人間の憧れてやまぬ価値の一つである。美の言葉の字義を漢和辞典で調べると、美とは羊と大との合字で元の意義は〈肥えて大きな羊〉を指し、食べると美味いところから、〈麗しい〉〈良い〉〈めでたい〉の意味に用いられたとある。

英語のビューティフル（美しい）の形容詞では、〈良い〉〈立派な〉の意味があり、一つの言葉や表現が多くの意味を持ったのだ。

広辞苑によると、美とは知覚、感覚、情感を刺激して内的快感を引き起こすものとある。

日本における美人像を見てみると、平安時代はきめ細かい色白の肌、ふっくらした頬、長くしなやかな黒髪が美人の条件だった。

江戸時代は細面、小ぶりな口、富士額、涼しい目元、鼻筋が通り、豊かな黒髪が美人の特徴であった。

明治時代以降になると、西洋化が進み、大正時代の関東大震災を境に、白人に近い顔立ちが美人とされ、薄い唇、高い鼻、スマートな体型が憧れの的となった。

戦後ファッションモデルが登場し、女性の化粧やファッションの手本となり、化粧品や服飾産業が流行をリードするようになった。

女性雑誌などを見ると、「美人の条件とは」が載っている。それによると、美人に共通する特徴5カ条なるものがある。

第一に顔のパーツの黄金比率は、生え際~眉頭、眉頭~鼻下、鼻下~顎を3分割して、1対1対1であること

目幅は顔幅の5分1

顔のパーツは左右対称であること

鼻と唇の距離が近い　鼻下~下唇、下唇~顎先1対1

美人は黄金比率に沿ったバランスの良い顔立ちだというのである。

さらに、美人に共通する特徴5カ条なるものもある。

顔に限って言うと…まず肌が綺麗である。透明感のある肌。

鼻が高くスッとしている。横顔に綺麗なイーラインができるのだそうだ。

歯が白く、歯並びが綺麗。
目が大きく、目力がある。
口角が上がっている。
美人が多い都道府県ランキング10なるものがある。どこのアンケートかは差し障りがあるといけないので公表しないが順位を発表すると、
第10位神奈川県　美意識が高い女性が多く、ファッションや美容の情報に詳しい、様々なタイプの美人が多い。
第9位徳島県　すっぴん美人が多い。
第8位大阪府　自分を魅せる方法にこだわりを持つ女性が多い。
第7位京都府　品位と品格を尊重する女性が多い。
第6位北海道　色白美人、出歩く時間少ない。
第5位兵庫県　自分の身なりを美しくする高い意識を持っている。
第4位東京都　美意識が高い。全国各地から美人が集まる。
第3位沖縄県　健康美人が多い。
第2位福岡県　キュートな笑顔、器量の良さ、精神力の強さを感じる。
第1位秋田県　日本一日照時間が短い。肌が湿度高く乾燥しづらいので美しい。

逆にワーストランキングを見てみると、ワースト3は45位高知県、46位香川県、47位群馬県となっている。

また別のアンケートを見てみると、ベスト3の順位は沖縄・福岡・秋田と変わらないが、下位に北関東3県が並んでいるのである。

最下位の47位に香川県、46位に和歌山県となったものの34位に栃木県、30位に群馬県、26位に茨城県となっている。

ちょっと前のアンケート調査で、群馬は不美人が多い。全国一であるという結果が出たことがあった。週刊誌でもこの話題を取り上げ、群馬は日本一のブスの産地とまで書かれた。

完全な悪質の群馬バッシングである。

マスコミでは、日本三大美人は秋田、京都、博多を挙げる。

また美人が多いのは日本海側とも決めつける。確かに太平洋側よりも日照時間が少なく色白美人が多いことは認めるが、秋田美人、津軽美人、庄内美人、加賀美人、越前美人、京美人、出雲美人、博多美人。これらは観光地として有名な土地ばかりである。

北関東は観光地として認知度が低いので、美人の産地というイメージがわかないのかもしれない。

最後に「美肌県グランプリ」で群馬県が1位なのをご存知だろうか。肌が明るく、紫外線や加齢による肌のくすみが少ない「黄ぐすみレス部門」1位なのである。
冬のからっ風の乾燥、夏の蒸し暑さをケアしている結果である。

著者紹介

たみやじゅん（田宮　順）

群馬県生まれ。早稲田大学在学中からテレビ・ラジオの構成作家を始める。携わった番組は「ニュースステーション」はじめ多数。現在はテレビ番組製作会社の経営の他、農業にも従事。有機農業に取り組んでいる。

群馬県伊勢崎市に在住。

北関東3県のビリ争いの秘密
800年続く戦争

発行日　2024年7月15日

著　者　たみやじゅん（田宮　順）

発　行　上毛新聞社営業局出版編集部
〒371-8666　群馬県前橋市古市町1-50-21
TEL　027-254-9966
